강의 보감

講 義 寶 鑑

[자서[1]
自序]

신이 감추어 둔 직장이라는 대학은 시간이 덤볐지만 펜과 책상이라는 안전함은 '퇴직 후에 무엇을 할 수 있을 것인가?'라는 미래의 문제에는 무기력했다. 볼펜 돌리는 것 외에 아무것도 할 줄 아는 게 없다는 깨달음은 불안함의 정도를 더하는 가속 페달이었다.

"인무원려 필유근우(人無遠慮, 必有近憂)"

자신의 미래를 염려하지 않으면 필히 가까운 곳에 근심이 있다는 글을 떠올리지 않더라도 준비는 필요했다. 그 과정으로 리더십, 코칭, 교수법, 심리진단 등 대단히 많은 강의를 들었지만 감동보다는 실망이 훨씬 더 많았던 교육 쇼핑은 돈과 시간의 아까움으로 남았다.

학교에서 첫 강의를 시작했던 2000년은 강사 생활의 전환점이었다. 공부는 즐거움이었고 학생들과 이야기 나누는 강의는 행복한 무대였다. 좀 더 다양한 대상을 만나기 위해 정년을 6년여 남긴 해에 자발적 퇴직을 하고 본격적인 프리랜서의 길로 들어서 20년을 무대에 서고 있다. '이순(耳順-60세의 다른 이름)의 나이를 넘기며' 몇 가지의 질문이 무겁게 싸움을 걸어왔다.

- 그 많은 강의를 들으면서 실망했던 이유는 무엇일까?

---

1) 자기가 서술한 책머리에 스스로가 적은 서문(序文)을 말한다. 주로 책의 체계를 밝히고 제목과 관련된 까닭을 밝힌 글이다.

- 나는 바른 강사인가?
- 내 강의는 지속될 것인가?

강의보감(講義寶鑑)은 이 질문에 대해 스스로 답한 내용들이다.

학습자들을 실망시키지 말아야 한다는 기본 명제를 넘어 그들의 변화와 성장을 위해 강사는 어떻게 공부하고 행동해야 하는가에 대한 기록이다.

강사라는 같은 길을 가고 있는 도반(道伴)으로서 지금도 강의 현장의 무대에 서고 있는 많은 강사들에게 우리가 수행하고 있는 강사라는 업(業)에 대한 의미를 새롭게 하고 좋은 강의가 아니라 바른 강의를 위해 어떻게 해야 하는가에 대한 실천적 사고를 가다듬는 계기가 되었으면 하는 바람이다.

앞부분은 강의의 기능과 강사의 자격, 바른 강의의 조건과 강사라는 업(業)에 대해 정리하였다. 품성론적 접근이다. 뒷부분은 강의 준비와 진행, 그리고 평가에 대해 정리하였다. 기술론적 접근이다. 내용을 구성하면서 "모든 것은 나로부터"라는 수기치인(修己治人)의 방향성을 유지하려 했다.

부록에는 고전에서 인용한 중요한 문구들의 해설을 적었고 본문에서 소개한 활동에 쓰이는 서식을 제시하였다. 졸작이지만 강의를 업(業)으로 하는 모든 이의 가슴 벅찬 성장을 응원한다.

평생 남을 작위를 지어가는 천작재(天爵齋)에서

서동오 자서(自書)

프롤로그
Prologue

"강사님은 강의하세요. 저는 스마트폰 좀 볼게요."

겨울이 절정을 지나 조금은 기가 꺾일 무렵인 2월, 대부분의 대학은 졸업식을 한다. 필자도 대학에 오래 근무했지만 이 졸업식이란 게 학생들이 오지 않으니 그저 상 받는 몇몇 수상자들을 위한 잔치여서 재미도 없고 의미도 없는 행사가 되어버린 지 오래다.

그때 즈음 한 일간지 사회면에 재미있는 사진 한 장이 실렸다. 학위복을 입고 졸업식에 참석한 학생들이 누구랄 것도 없이 고개를 숙여 휴대전화기를 보고 있는 사진이었고, "총장님은 축사하세요. 저는 스마트폰 좀 볼게요."라는 제목이 달려있었다.

왜 졸업식에는 이런 현상이 나타나는 것일까?

여러분은 교장 선생님 훈화를 기억하시는가? 아니면 주례사는? 많은 공적 행사마다 빠지지 않는 축사와 격려사는 어떤가? 그런데 저 사진에 붙어있었던 제목처럼 내 강의에 "강사님은 강의하세요. 저는 스마트폰 좀 볼게요." 이렇게 제목이 붙는다면 어떤 기분이 드시는가?

이 책의 내용은 학습자들이 고개를 떨궈 휴대폰을 보는 의도적 방관은 왜 일어나고, 어떻게 하면 그런 현상을 방지할 것인가에 대한 반성과 전략을 기록해 보았다.

살아오면서 내 삶의 전환점이 되어준 몇 편의 좋은 강의를 기억하고 있다.

30대의 불같고 다스려지지 않는 투박한 얼치기 청춘을 마감하고 불혹이라는 40대와 대면하면서 묵묵히 마음을 다스려 보고자 남들에게 표 내거나 요란함을 좇지 않고 온전히 나 자신의 선택으로 다가섰던 명품 강의들이었다. 그 강의를 통해 재구성된 새로운 지식은 스스로 두텁게 쌓아올린 편협한 아집의 울타리를 넘어 나태하고 근거 없는 낙관으로 일관하며 방황하던 철없는 청춘에 종지부를 찍고, 공부하고 배우는 즐거움을 깨우치게 하였다.

발분망식 낙이망우 부지로지 장지운이(發憤忘食 樂以忘憂 不知老之 將至云爾)[2]라 하였다. 배움에 열중하면 먹는 것도 잊고 공부하는 즐거움으로 걱정거리도 잊어버리고 늙음이 다가오는 것도 알지 못한다 했으니 학습을 통한 새로운 깨우침은 견줄 수 없는 기쁨이다.

그뿐이던가? 기욕입이입인 기욕달이달인(己欲立而立人 己欲達而達人)[3]이라. 내가 설 때 남도 서게 하고 내가 이루고자 할 때 남도 이루게 한다 하였으니 이제 삶에 대한 의미를 생각해 보고 진정 가치 있는 삶은 다른 사람도 함께 성장할 수 있도록 돕는 것임을 깨달았다. 이는 필자를 20년 동안 강의 현장에서 살아가게 한 빛나는 전환점이 되었다.

강사의 무기

갑자기 무기를 들이대 섬뜩하신가?

김정은과 트럼프가 무기를 가지고 서로 치열한 기 싸움을 하고 있다. 힘으로 따져도 돈으로 견주어도 훨씬 강한 미국이 왜 이리 전전긍긍하는 것일까? 그들의 속내를 곰곰이 들여다보면 문제의 핵심은 탄두가 아니라 탄두를 실어 나르는 미사일에 있음을 짐작할 수 있다.

---

2) 논어 술이편에 나오는 말로 공부의 기쁨을 말하고 있다.

3) 논어 옹야편에 나오는 말로 함께 성장하는 상장(相長)을 말하고 있다.

지금은 현대전이어서 만약 전쟁이 난다면 탄두가 핵이든 화학탄이든 생물학 탄두이든 대량 살상은 어쩔 수 없는 현실이다. 문제는 이 탄두를 실어 나르는 미사일에 있다. 미사일 사거리를 북한이 점점 늘려 워싱턴까지 그 영향권에 들어갈 듯하니 얘기 좀 하자고 어르고 달래는 것이다.

탄두(Warhead)
Contents : 구성(기획)역량
  • 학습자의 욕구와 Needs에
  • 최적화된 내용으로
  • 이해와 적용이 쉽도록 구성

미사일(Missile)
Communication : 이동(전달)역량
  • 관계력(학습자와 좋은 관계를 형성할 수 있는 교감기술)
  • 전달력(바르게 전달할 수 있는 다양한 교수활동)
  • 공감력(학습자의 마음을 움직일 수 있는 진실성)

강의로 이야기를 옮겨보자.

탄두는 강사가 가지고 있는 콘텐츠이다. 이는 프로그램을 구성하고 기획하는 역량을 의미한다. 학습자의 욕구에 최적화된 내용으로 그들이 이해하고 적용할 수 있게 쉬운 내용으로 구성되어야 한다.

탄두를 실어나르는 미사일은 전달 역량이다. 이는 콘텐츠를 바르게 학습자들에게 전달하는 역량을 의미한다. 학습자와 우호적인 관계를 형성하고 상황에 적절한 전달 기법을 발휘하여 내용을 바르게 전달하고 그들의 마음을 움직여 학습전이(Learning transfer)가 일어날 수 있도록 교감하는 능력을 말한다.

강사는 대체 불가한 자신만의 무기를 가져야 한다. 그 무기는 깊이 있어야 하고 독특해야 하며 학습자들의 변화와 성장을 촉진할 수 있는 것이어야 한다. 여러분은 어떤 무기를 가지셨는가?

Chapter 05

평가하기

Chapter 01

강의의 기능과
강사라는 업(業)

삶을 바꾸는 감동의 순간

여러분은 혹시 지금도 기억하고 있는 멋진 프레젠테이션이나 강의 또는 연설을 들은 경험이 있는가? 필자는 지금도 가슴 속 오랜 울림으로 남아있는 영화 같은 몇 장면을 간직하고 있다. 그것은 김성근 야구 감독과 '석봉토스트'의 김석봉 사장, 그리고 윤은기 원장과의 만남이었다.

강신(講神-강의의 신)을 만나다

'야신(野神-야구의 신)이라는데 강신(講神-강의의 신)도 될까?'라는 호기심과 대학원 학생들의 간청이 있어 필자가 재직하고 있던 학교 야구 감독을 통해 어렵게 초빙한 김성근 감독의 강의는 유연함이 어떻게 강의에서 학습자를 몰입하게 할 수 있는가를 보여준 인상적인 사례였다. 원래 대학원 학생들을 위한 리더십 특강으로 기획한 것인데 학부생들까지 몰려 거절치 못하고 두었더니 200석의 소강당 좌석을 가득 채우고 복도까지 청중으로 들어차 입추의 여지가 없다는 말이 이런 상황임을 실감케 했다. 90분짜리 특강으로 기획되었고 무대에 앉아서 강의하는 형식으로 진행되었다.

강의는 시작되었고 김 감독의 목소리는 기대보다 차분하고 아주 작았다.(강의 내내) 저리 목소리가 작은데 경기장에서도 선수들에게 저렇게 차분하게 지시하나 하는 의아스러움과 '강의 재미없겠네' 하는 걱정스러움이 불안하게 교차하고 있었다.

한데 필자는 그날 아주 신선한 경험을 한다. 객석이 이렇게 조용할 수가…. 청중들은 극강의 정숙을 유지하기 시작했고 날아다니는 파리의 날갯짓마저 들릴 정도라는 표현이 떠오를 만큼의 적막함이 넓은 강당을 덮었다.

휴대폰은커녕 옷깃의 바스락거림조차도 소리를 감추며 강사의 낮은 목소리에 흡입되는 청중들의 몰입은 강의 내내 내지르는 힘 있는 목소리만이 능사가 아님을 실감케 했고, 잠시 말을 멈추는 '의도적 침묵'은 청중을 집중하게 한다는 창의적 교수법의 이론이 실증되고 있었다. 그뿐만 아니라 경기 경험과 선수, 구단과의 관계 속의 숨은 비즈니스 마인드까지 단락 단락을 구슬에 실을 꿰듯 높낮이와 긴장과 이완이 있는 하나의 흐름으로 이어가는 모양이 야구 감독이 아니라 이야기꾼 같았다.

이러다 말겠지 하던 그 고요함과 음악 같은 청중과의 밀고 당김은 강의가 끝날 때까지 한 시간 넘게 유지되었고, 경기장에서 맞았던 수많은 승패의 경험과 많은 구단을 거치면서 축적된 명장의 카리스마 넘치는 선언적 지혜는 짜릿하게 청중들을 파고들어 이야기 단락마다 학생들을 깊은 탄식과 환호로 이끌었다. 맨 앞줄에 앉아 이렇게 집중해 보긴 필자도 처음이었다. 몰입 이론을 주창한 미하이 교수가 왔으면 아마 수제자로 삼았을 게다.

영신(營神-영업의 신)을 만나다

삼성경제연구소의 한 포럼에서 주최한 창의력 세미나에서 만났던 '석봉토스트' 김석봉 사장의 강의는 강사의 진솔한 경험의 힘을 실감한 강의였다. 인위적으로 가공되지 않은 진정성 있는 투박함은 친근하고 힘이 있으니 아주 오래전의 강의지만 지금도 몇몇 인상적인 경험담으로 많은 사람들에게 이야기하는 것을 보면 그 힘을 실감하고도 남음이 있다.

시청 뒤 작은 노점에서부터 시작해 토스트 회사로 키운 입지전적 체험

뿐 아니라 우리나라 말을 포함해 4개 국어를 구사한다던 빵 구워 파셨던 노점 사장님의 말에 믿기 힘든 의심을 품었지만, 토스트 판매에 꼭 필요한 영어, 일어, 중국어 문장을 20개씩만 달달 외웠다는 반전에 "설마 노점 사장님이…" 했던 내 의심은 실소와 함께 힘없이 무너져 내렸다.

그는 유명 호텔에서나 봄 직한 요리사 복장으로 빵을 굽고 두루마리 화장지 대신 최고급 티슈를 구비했으며, 아침을 먹는 고객이 많다는 것에 착안해서 아침 뉴스 서비스를 제공하였다. 노점상의 국제화, 맥도널드에 필적하는 토스트의 세계화를 힘주어 강조했던 김석봉 사장의 강의는 잘 구워진 토스트였다.

지신(知神–지식의 신)을 만나다

80년대 말 즈음 학교 집합 교육 프로그램으로 만났던 윤은기 강사의 강의는 전문가다움의 전형을 보여주었다. 그 당시에는 모 연구소 소장이었던 것으로 기억한다.

윤은기 소장에게는 김성근 감독과 김석봉 사장에서 느꼈던 것과는 사뭇 다른 힘이 보였다. 경쾌한 목소리와 머뭇거림 없이 쏟아내는 지식은 전문가임을 어필하기에 충분했고, 당시에는 생소했던 '시테크(時Tech)'의 개념을 처음으로 제시했는데 거스를 수 없는 아우라가 번득였다. 깊이 있는 전문적 지식을 바탕으로 다른 사람의 이론을 빌려 쓰는 게 아니라 당당하게 자신의 용어를 만들어 내는 자신감이 내심 부럽기까지 했다.

필자가 '강사 윤은기'에게서 발견한 것은 '전문가다움'으로 '나다움'을 창조하는 실천적 용기였다. 요즈음은 매력을 강조하고 계시던데 그 당시 30대의 필자에게 윤은기 소장의 강의는 넘치는 매력이었고 부러운 프로페셔널이었다.

여러분은 두고두고 기억나는 강의나 연설이 있으신가?

앞서 필자가 소개한 세 편의 강의는 내 삶을 바꿔놓기에 충분했던 감사하고 과분한 경험이었다. 반면 학창 시절 애국 조회 시간에 수없이 들었던 교장 선생님 훈화와 평생 한 번이었던 뜻깊은 주례사는 왜 기억하지 못하는가?

그렇게 본다면 학습자를 가슴 뛰게 하고 감동하게 하는 스피치나 강의에는 분명 청중을 집중하게 하는 뭔가가 있다. 그것이 김성근 감독에게서 보았던 유연한 이야기꾼의 기질이든 김석봉 사장에게서 발견했던 진실과 경험이든 윤은기 소장에게 느꼈던 힘 있는 전문가다움이든 필자는 좋은 강의에 있을 법한 그 '뭔가'를 찾아 정리해 보고자 했다. 그것은 "그렇다면 과연 나는 좋은 강사인가?"라는 자기 살핌에서 출발한 것이었다.

강의란 [　　]다

여러분은 강의를 무엇이라 생각하시는가?

필자가 프로그램을 진행하면서 이 질문을 제시해보면 학습자를 가슴 뛰게 하는 것이라는 학술적 접근부터 수면제라고 답하는 따가운 질타도 보인다.

마음을 울리는 울림이다. 살아있는 연기다. 변화의 물결이다.

경력을 자랑하는 것이 아니라 학습자들에게 겸손하게, 즐겁게 다가서는 것이다. 나를 던지는 것이다. 수면제다.

가장 가슴 뛰는 것. 소통이다. 연예인이다. 올누드다.

은하계다. 원맨쇼이며 소통이다. 내 인생을 나누는 것이다.

동기부여하는 깨달음의 과정이다. 깡이다. 사기꾼. 장사꾼.

[FBL 퍼실리테이터 양성 과정에서 나온 학습자들의 생각들]

가장 기억에 남는 반응은 "전국노래자랑이에요"라는 풀이였다. 이유를 물으니, 전국노래자랑에서 '송해'라는 사회자가 노래자랑을 시작할 때 "전국 ~~ 노래자랑" 하며 청중들에게 마이크를 넘기면서 오프닝을 하듯 참여자들과 주거니 받거니 관계를 맺는 것이 강의라는 것이다. 또 한 참여자는 노래방이라고 풀어주었다. 지금이야 회식 문화가 많이 달라졌지만 몇 년 전까지만 해도 회식한 후 노래방 가는 일은 자주 있는 일이었다. 노래방을 가면서 많은 사람이 "가서 무슨 노래를 하지?", "어떤 노래를 해야 앵콜이 나올까?", "어떤 노래를 해야 사람들이 감동할까?" 아마 이런 생각을 할 것이다. 그러니 강의는 청중 지향성을 가져야 한다는 것이다.

이외에도 학습자들의 생각을 살펴보면 강의는 학습자들과 다양한 교수 방법과 도구를 활용해서 학습자들의 욕구에 적절한 정보와 지식을 공유하고 상호 작용을 통해 지식을 재구성할 수 있도록 관계를 형성해 가는 과정이며 활동이라 말할 수 있다.

그런데 강의를 한자로 쓰면 익힐 강(講)과 옳을 의(義)로 표기한다. 강(講)은 배우다, 익히다, 연구하고 설명하고 풀이하다는 의미이고, 의(義)는 옳다, 의롭다, 바르다는 뜻이니, 강의(講義)는 옳고 바르게 연구하고 익혀 풀이하고 설명하는 행위라고 말할 수 있다. 그러나 이 깊은 의미를 제대로 인식하고 있는 강사들이 그리 많지 않아 보인다.

그러면 강의 과정에서 어떻게 학습자들과 관계를 형성해 갈 것인가?

필자는 관계 형성의 도구로 세 가지를 제안하고자 하며 이를 '3-Networking'이라 이름하였다.

강의를 힘있고 유연하게 하는 "3-Networking"

강사와 학습자	강의 초반 오프닝에서 강사와 학습자간에 어색한 분위기를 깨기 위한 도구 Icebreaking
학습자와 학습자	주로 강의 본론 도입전에 학습자들간의 관계형성을 통해 참여와 집중도를 높이기 위한 도구 팀웍다지기
단락과 모듈	강의 단락과 모듈간의 유연한 연결을 구조화하기 위한 도구 Spot & Bridge

아이스브레이킹(Icebreaking)은 주로 강의 초반에 강사와 학습자 간의 어색함을 깨는 도구이고, 팀워크 다지기(Teamwork creating)는 학습자들의 관계 형

성과 참여를 높이기 위한 도구이며 스팟(Spot)과 브릿지(Bridge)는 강사가 전달하고자 하는 핵심개념의 이해를 돕고 단락과 단락 간의 유연한 연결을 돕는 도구이다. 특히 많은 강사가 아이스브레이킹(Icebreaking)과 스팟(Spot)을 별 구분 없이 혼용하고 있는데 이는 완전히 다른 개념의 도구여야 한다. 이것에 대한 구체적 내용은 뒷부분에 기술하였다.

강의는 어떤 기능을 하는가

강의란 앞서 제시한 것처럼 학습자들의 욕구에 적절한 정보와 지식을 공유하여 상호 작용을 통해 지식을 재구성할 수 있도록 관계를 형성하는 활동이라고 말할 수 있다. 이런 강의에는 분명 어떤 기능이 있을 것이고 그 기능은 학습자들에게 어떤 영향을 발휘하는지 생각해 보기로 하자.

삶을 바꾸는 자극

강사라는 활동을 업(業)으로 삼으면서 가장 벅차고 감사하고 기분 좋을 때는 참여자들로부터 변화와 행동에 대한 다짐과 피드백을 받았을 때이다. 메일이나 휴대폰을 통해 전해주는 고마운 반응을 접하게 되면 공부에 대한 자세를 바르게 하고 강사라는 업(業)에 대해 다시 한 번 생각하게 되는 의미 있는 자극이 된다. 그래서 강의는 강사와 학습자 모두를 변화시키고 행동하게 하고 결국에는 삶을 바꾸는 자극이며 촉진제인 것이다.

서동오 강사님, 강의 들으면서 복학 후 어떻게 생활할지, 그리고 취업 준비를 어떻게 해야 하는지 너무 많은 것을 배울 수 있는 시간이었습니다. 강의해주신 이야기 꼭 잊지 않고 실천해서 멋진 커리어를 가진 사람으로 성장하겠습니다. 감사합니다.

나르샤 1팀 백○윤 올림

10월 13~14일 강의 퍼실리테이션 수강생이었던 3조 문○○입니다.

선생님의 삶에 대한 철학을 배우고 온 듯한 기분입니다.

저는 강의를 하는 업무를 하고 있지는 않습니다.

당장, 아니 앞으로 상당 시간 강의를 한다는 것에 엄두를 내지 않을 것 같지만 스스로 깊어지도록 공부는 계속할 것 같습니다. 감사합니다.

안녕하십니까?

아까 앞에서 교수님께 마스크를 받았던 교육생입니다.

오늘 강의 정말 뜻깊게 잘 들었습니다.

전역 명령을 받고 많이 방황하였습니다.

오늘 교수님 덕분에 다시 힘을 얻었습니다.

오늘, 지금을 열심히 살겠습니다. 감사합니다.

국방전직교육원 중기복무 교육생 박○○

행동을 바꾸는 러닝 포인트

30년 전, 대학이란 직장은 정말 좋은 곳이었다. 오죽하면 신이 감추어둔 직장이라 하지 않던가? 지금은 대학도 고객의 개념이 도입되고 전문화된 구성원들이 다양한 분야에서 일하고 있지만, 필자가 대학에서 근무할 당시인 80~90년대 대학은 하는 일이나 부서에 따라 차이가 있을 수는 있지만 대부분 과업의 난이도나 강도는 일반 기업체에 비해 조금 수월했던 것은 부인할 수 없는 사실이었다. 더군다나 방학이 있으니(지금은 없어졌지만 방학 중에는 단축근무를 했다.) 그 덤비는 시간이야말로 버거운 축복이었다.

이제 와 생각해보면 그 넘치는 시간을 공부에 썼더라면 인생이 바뀌었을 법하지만 언제나처럼 '후회'라는 단어의 생존을 위해 사람의 인생은 절대 그리되지 않는 법.

필자는 90년대 말까지 15년여를 정말 안 해본 것 없이 하고 싶은 일을 원없이 하며 살았다. 그러던 해피 밀레니엄의 첫해 2000년, 분기탱천한 객기로 점철된 철없는 방황의 끄트머리에서 필자는 한 줄기 번득이는 빛과 같은 강의를 운명적으로 만난다. 2000년대의 새 시대를 맞아 필자가 재직하던 학교에서는 야심차게 7Habits 프로그램을 전교에 도입하기로 하여 전 교내 구성원에게 이수하도록 하였고, 어느 날 필자도 "갔다 와!" 하는 교육 인사 명령이 떨어지니 어쩔 수 없이 끌려가는 '포로'의 심정으로 프로그램에 입과하게 되었다.

진행되는 3일 과정 내내 나는 자괴와 회한에 빠졌다. 지난 10여 년을 돌아보니 나 자신이 어찌 그리 부끄럽던지 '성공하는 사람들의 일곱 가지 습관'의 기획자인 스티븐 코비는 근거 없는 낙관과 대책 없는 객기로 점철된 필자의 철없는 방황에 비수 같은 자극을 던졌다. 과정을 마치고 수료하는 날, 학교로 돌아오는 버스에 몸을 깊이 묻고는 더 이상 이렇게 살지는 말자며 후회스러운 시간을 곱씹고 있었다.

강의는 때로 사람의 인생을 바꾼다. 마흔을 시작하면서 만난 7Habits은 내 인생 최대의 터닝 포인트였다.

진로를 바꾸는 자극

스티븐 코비를 만난 후 나는 교내에서 유일하게 시간을 관리하는 플래너를 쓰는 사람이 되어 있었다. 플래너를 쓰면서 주간 계획을 세우고 실천 사항을 기록해 관리하니 포기하고 버릴 일들이 확연해져 친구 따라 강남 가는 소위 '팔랑귀 현상'이 사라졌다.

매년 12월이 되면 새해 목표를 세우고 그것을 기반으로 접근 전략을 수립하여 실천해가면서 여유 시간에 먹고 즐길 거리를 찾는 대신 공부할 거리를 찾으니 대학은 공부하기에 너무나도 고마운 환경이었다. 이렇게 필자를 바꾸어 놓은 그 힘의 실체가 고맙기도 하고 궁금해졌다. 그리고 사람을 바꾸는 그 힘을 나누고 싶은 욕구가 꿈틀대기 시작했고, 내친김에 7Habits 퍼실리테이터 양성 과정을 이수하기로 결정하게 된다. 강사 과정을 이수하면서 내 생활은 획기적 전환을 맞는다.

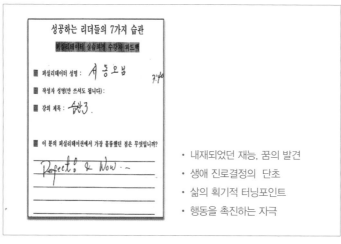

[7Habits 퍼실리테이터 양성 과정 시연에서 받은 채점표]

이론 과정을 마치고 강의 시연 과정에서 받아 든 한 장의 평가지(채점표)는 결국 내 이후의 커리어를 청소년들의 꿈과 희망을 찾게 하는 리더십 강사가 되도록 만들었다.

좋은 강의는 학습자를 행동하게 하고 종전의 자신을 넘어서게 만드는 전환의 계기가 된다. 학습자의 머리에서 손까지 거리를 줄이는 행동 촉진제인 것이다. 실천하게 하는 힘! 그것이야말로 강의가 가지는 가장 값진 기능일 것이다.

이해를 돕고 소통하는 도구

오래전 필자는 고용정보원에서 진행하는 베이비부머 퇴직 설계 전문 강사 양성 과정에 참가했다. 프로그램이 시작되면서 강사가 들려준 맹호 부대 노래가 뇌리를 떠나지 않았다. "자유 통일 위해서 조국을 지키시다 조국의 이름으로 님들은 가셨으니…"로 시작하는 노래인데, 월남전에 파병되는 장병들을 태극기를 흔들며 환송하는 대한뉴스 영상과 함께 또렷하게 기억에 소환되었다.

휴식 시간 중간중간 입안을 맴돌던 그 노래 가사의 웅얼거림은 유년 시절의 기억을 끄집어내게 하는 신기한 '기억 소환제'였다. 90명이 넘었던 교실에서 삼부제 수업을 하던 일이며 혼식 검사받던 도시락, 산토닌이란 구충제를 복용해 하늘이 노래지는 어지러움을 호소하던 일, 끔찍하게 길었던 국민교육헌장을 온전히 암송해야 집에 보냈던 야속한 선생님, 공순이로 불렸던 구로공단의 공장 근로자들의 귀성 풍경, 고장 난 시계나 머리카락을 팔라며 골목을 누비던 수집상의 외침….

베이비부머 진행자 양성 과정은 내가 베이비부머로 살아왔다는 것을 깨우쳐 주었고, 그들의 고단한 삶을 구체적으로 이해할 수 있는 계기가 되었다. 필자는 정작 내가 '베이비부머'라는 집단에 속하는 줄 그때 알았지만, 프로그램을 통해 나 자신을 돌아보고 내가 가진 경력 자산과 이후의 삶을 설계하게 되었다.

이렇듯 강의는 자신을 돌아보게 하고 이해하게 한다. 내가 가진 지적, 심리적, 환경적 자산은 무엇이고 미래를 향해 할 일과 버릴 것들, 그리고 더해야 할 것들과 장애들을 생각해 보게 한다. 또한 그 과정에서 사회와 조직의 다양한 구성원들과 소통하게 하고 상호 작용을 통해 새로운 인적 자산을 구축하게 할 뿐 아니라 함께 공부하는 학습자들의 다양한 생각들과 만나 인식이 확장되고 그 확장은 새로운 지식을 재구성하는 결과로 나타난다.

강사라는 업(業)에 대한 새로운 인식

성균관대학교 오석원 교수는 논문 《논어의 지도자와 리더십 연구》에서 강의를 통해 교육을 수행하는 지식인 집단이 '유(儒)'이며 '유(儒)'는 자기의 마음가짐, 몸가짐을 바르게 닦은 후에 남도 가르쳐서 이 세상 모든 사람에게 살아가는 방법을 터득하게 하여 궁극적으로는 평화로운 삶을 누리게 하는 사람이다. 따라서 '유(儒)'는 이 세상에 없어서는 안 되는 사람, 꼭 있어야 하는 사람, 곧 필수인 사람이라고 말한다.

유(儒)는 고대 중국의 교육을 담당하던 지식인 집단을 지칭하는 말이다. 설문해자(說文解字)[4] 에서는 유(儒)는 유(柔. 부드러울 유), 유(濡. 젖을 유), 윤(潤. 젖을 윤)이라고 설명하고 있는데, 세 글자 모두 '젖다'와 관련이 있다. 이들의 의미를 생각해보면 사람의 바른 도리를 익혀 우선 자기 몸을 충분히 적신 다음에 부드럽게 타인을 가르쳐서 마치 하얀 종이 위에 서서히 물이 스며들 듯이 상대방의 마음속에 가르침이 젖어들게 하는 사람이라는 뜻이 된다. 이와 같이 유(儒)는 먼저 자기의 마음가짐, 몸가짐을 바르게 닦은 후에 남도 가르쳐서 이 세상 모든 사람에게 삶의 도리를 알게 하고 살아가는 방법을 터득하게 하는 사람을 말한다.

이런 관점을 우리 강사들에게로 가져와 보자.

---

4) 중국 후한 시대 허신(許慎)이 편찬한 자전(字典)으로 1만(萬)여 자에 달하는 한자(漢字) 하나하나에 대해, 본래의 글자 모양과 뜻, 그리고 발음을 종합적으로 해설한 책.

필자나 이 글을 읽고 있는 여러분도 대부분 누군가에게 영향력을 행사하는 강의를 업(業)으로 하고 있는 교육 전문가이니 유(儒)라 할 수 있을 것이다.

우리 강사들은 자신이 가지고 있는 분야, 즉 콘텐츠에 대한 깊이 있는 지식으로 평소 일상적인 공부를 통해 충분히 준비된 후에 무대에 서야 한다. 이것이 '먼저 젖는다'는 의미이니 이는 자신을 먼저 닦아야 한다는 수기(修己)의 개념이다. 자신이 먼저 깊이 있는 공부를 통해 충분히 젖은(濡. 젖을 유) 다음에 무대에서 강의라는 행위와 학습자들과의 상호 작용을 통해 그들을 조금씩 젖게 하는 것이다.

그런데 학습자에게 영향력을 발휘하고 적시는 행위를 부드럽게 하라 했다.(柔. 부드러울 유) 이는 자신이 가지고 있는 신념이나 철학이 마치 옳은 것인 양 학습자에게 일방적인 수용을 강요하지 말아야 한다는 의미이다. 하여 밥 파이크(Bob Pike)는 '창의적 교수법'에서 학습자들이 프로그램에 참여하는 것은 오롯이 그들의 몫이니 참여의 형태를 강요하거나 자신이 가지고 있는 프레임으로 학습자들의 사고를 제한하지 말아야 한다고 주장한다. 심지어 그는 특정 학습자의 이름을 부르며 질문도 하지 말아야 한다고 말 것을 제안하고 있다.

어떤 학습자는 자기 개방성이 활발해서 토론이나 발표에 적극적으로 참여하는 것이 즐거운 경험이지만 어떤 참여자는 낯선 사람들과의 상호 작용이 어려워 그저 조용히 지켜보는 것이 프로그램에 참여하는 자신만의 편안한 방법일 것이니 어떤 형태이든지 수용해 주어야 한다는 것이다. 이는 치인(治人)[5]의 방법을 제시하고 있는 것이다.

결국 강의를 업(業)으로 하고 있는 우리가 가장 먼저 최우선적 가치를 두고 실천해야 할 것은 자신이 가진 콘텐츠에 대한 깊이 있는 전문가 수준의 지식

---

5) 사람을 다스린다는 뜻이다. 나부터 바로 선 후에 타인을 다스린다는 리더십의 방향이며 흐름이다. 수신제가치국평천하(修身齊家治國平天下)에도 같은 흐름이 보인다.

을 갖추는 일일 것이지만 많은 강사가 정작 깊이 있는 지식으로 자신을 먼저 충분히 적시고 있는지는 모를 일이다. 하여 우리는 자신과 약속해야 한다. 충분히 준비되지 않으면 절대로 무대에 오르지 말아야 한다고 말이다.

강사라는 업(業)

앞서 잠시 이야기했던 7Habits 강사 과정을 마치고 마지막 날 필자는 아내에게 편지를 썼다. 프로그램의 수행 과제로 제시된 활동이어서 외면하지 못하고 어쩔 수 없이 작성하게 된 편지였지만 이왕 쓰는 거 진심을 담아 제대로 써보자 결심했다. 그러나 생각을 막상 글로 표현하려니 숙연해지기도 하고, 그동안 살아온 생활을 돌아보며 느꼈던 돌이킬 수 없는 후회와 미래의 다짐이 반성과 각오로 기록되고 있었다.

수행 과제로 작성한 편지 한 장은 필자의 가정에도 몇 가지 의미 있는 변화를 가져왔다. 한 달에 한 번 아이들과 함께 '가족 모임'을 통해 서로의 마음을 열고 매월 지켜야 할 가족 공동의 목표를 정해 실천하기로 했고, 식사 시간에는 아내가 식탁에 앉아야 모두 감사의 인사를 하고 함께 식사를 시작하는 습관을 들이기 시작했다. 이 과정을 통해 아내가 단순히 밥을 차려주는 사람이 아니라 '엄마'도 우리의 '가족'이라는 것을 함께 느끼게 하고 싶었다. 하지만 가족 모임은 몇 번 실행이 된 후 아내의 반대로 중단되었다. 가족의 동의 없는 가장의 일방적 욕심이었던 것이다. 그러나 공감과 소통을 생각하게 한 의미 있는 실패였다.

7Habits이라는 강의와 프로그램에서 만났던 강사들은, 상대의 욕구를 제대로 파악하지 못한 강사의 일방적 강요는 외면과 갈등을 부른다고 내 사고를 바꿔놓았다. 그래서 제안한다. 강의는 상품이고 강사는 그 상품을 파는 세일즈맨이자 마케터여야 하고 파는 것이 아니라 사게 만들어야 한다고 말이

다. 그러면 학습자들은 강사가 판매하는 강의라는 상품을 구매해서 자신의 욕구와 필요를 충족시키고 성장과 변화를 통해 삶을 바꾼다.

따라서 강사는 단순한 정보와 지식을 전달하는 사람이 아니라 강력한 메시지를 통해 자극을 주고 학습자들이 변화하고 성장할 수 있도록 영향력을 발휘하는 사람이다. 학습자 개인의 성장은 더 나아가 가족의 삶을 바꾸고, 가족의 변화는 사회를 건강하게 만들어 궁극적으로는 사회 비용을 절감하게 하는 일련의 과정을 이끄는 것. 이것이 강사라는 업(業)의 본질이다. 결국 강사는 자신의 지식을 전달하는 매개자가 아니라 학습자의 성장을 촉진하고 궁극적으로는 사회를 건강하게 만드는 긍정적 변화 유발자인 동시에 전문가인 것이다.

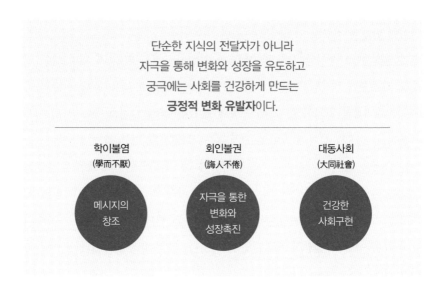

그렇다면 우리는 어떻게 긍정적 변화를 만들어가야 할 것인가 생각해 보자.

1. 수기(修己-자기 자신을 닦음)

공부를 싫어하지 말아야 한다(학이불염(學而不厭)[6])

필자도 어지간히 성적 때문에 부모님을 애타게 했던 것 같다. 성적표를 보시면 언제나 아버지는 "니 이래가 사람 노릇 지대로 하긋나?" 하시며 나지막하게 "사람 노릇 좀 하라." 타이르셨다. '노릇'은 타인과 관계하는 행위이니 '노릇'만 잘하려 하지 말고 노릇 잘하기 전에 사람 먼저 되라는 가르침이었다.

'강사 노릇'도 다르지 않다. '노릇'이 강의를 통해 학습자들에게 지식과 정보를 전달하고 상호 작용을 통해 관계를 유지해 가는 행위라면 그 행위를 잘하기 전에 먼저 강사라는 사람됨이 먼저여야 한다. 그 사람됨은 '다움'이며 그 기본은 일상에서 실천하는 깊이 있는 공부다. 그냥 하는 공부가 아니라 자신이 가지고 있는 콘텐츠에 대한 전문가 수준의 깊은 공부여야 한다. 그래서 학습자들에게 어떤 메시지를 전달할 것인가를 충분하고도 자신 있게 만들어 내야 한다. 그것이 우리의 전문성이다.

깊은 공부가 먼저 되지 않으면 절대로 무대에 서면 안 된다고 필자는 주장한 바 있다. 강사료라는 돈만을 좇다 보니 강의하려고 하는 주제에 대한 깊은 성찰과 공부 없이 그저 남에게 주워들은 얄팍한 얼치기 지식을 가지고 무대에 서서 학습자들에게 변화와 행동을 강요하는 경우가 있는데, 이것은 강사라는 직업인으로서의 기본적 '다움'을 저버린 행위이다.

꽉 찬 깡통은 소리가 나지 않는다. 비어있는 것도 마찬가지다. 요란스럽게 소리가 나는 깡통은 완전히 채워지지 않은 어정쩡한 깡통이다. 강의라는 매체를 통해 학습자에게 영향력을 발휘하고 가르치기 전에 쉼 없는 학습을 통해 자신이 먼저 깊이 있는 지식으로 채워져 바로 서야 한다. 다른 사람을 바로 세우는 것은 그 다음의 일이다.

---

6) 염(厭)은 '싫을 염'이다. 싫고 괴로운 것이다.

매일매일 정성스럽게 공부하자. 강사의 공부란 이만하면 됐지 하는 순간 와르르 무너지는 법이다. 이럼에도 불구하고 꾸준히 공부하는 강사는 생각보다 그리 많지 않다. 강의가 잘 안 된 듯하면 부족한 공부를 반성하는 것이 아니라 학습자를 나무라고 장소를 탓한다. 나면서 다 아는 생이지지자(生而知之者-논어 계씨편)가 아니라면 학습을 게을리하지 말아야 한다. 세상에 나면서 모든 것을 아는 사람이 어디 있으랴?

학(學)이 배우는 일이라면 습(習)[7]은 되풀이해서 익히고 행하여 온전한 자기 것으로 만드는 과정이니 매일매일 정성스럽게 학(學)하고 쉼 없이 습(習)하는 공부가 습관이 되어야 한다. 하물며 자신이 부족한 것을 안 다음에야 더 이상 말한들 무엇하랴? 학습자의 질문에 대답이 군색해지는 곤란함을 겪고도 공부하지 않으면 최악의 강사인 것이다.

강사는 일상이 준비이며 공부여야 한다. 공인이 일을 잘하려 하면 반드시 먼저 그 연장을 예리하게 한다. 공욕선기사 필선리기기(工欲善其事 必先利其器)[8]라, 논어(論語) 위령공편에 있다. 공인(工人)은 전문가를 의미한다. 강사도 학습자들의 변화와 성장을 돕는 전문가이니 공인(工人)이라 할 수 있다. 그러니 강사도 강의를 잘하려 한다면 반드시 학습을 통해 자신의 역량을 잘 다듬어야 한다. 자신이 강의하는 분야나 주제에 대해 깊이 있는 공부가 먼저 이루어져야 강의라는 일이 성과를 내는 것이다.

---

7) 습(習)은 익힌다는 뜻이지만 때에 맞아야 한다는 의미도 내포하고 있다. 하여 옛 어른들이 공부도 때가 있다고 게으름을 질타했던 것이다.

8) 욕(欲)은 바랄 욕이니 하고자 함이다. 이것이 지나치면 욕(慾-욕심)이 된다. 리(利)는 날카롭다는 의미로 예리(銳利)하게 한다는 뜻이다.

2. 치인(治人-타인을 다스림)

가르치는 일이 즐거워야 한다(회인불권(誨人不倦))

일상의 공부를 통해 학습자들의 변화와 성장을 촉진할 수 있는 메시지를 설계하고 구성했으면 이제 제대로 전달해야 한다. 학습자들과의 상호 작용을 통해 메시지를 전달하려면 그들과 마주해야 하는데, 많은 사람 앞에 서는 일이 스트레스가 되어 미루고 싶고 실행이 게으르게 되면 어려운 일이다.

회인불권(誨人不倦)이라, 논어(論語) 술이편에 있다. 회(誨)는 가르쳐서 인도하다는 뜻이고 권(倦)은 피곤하고 게으르다는 의미이니 사람을 가르치는 일에 조금도 권태(倦怠)를 느끼거나 게으르지 않고 정성을 다한다는 것이다.

강의 며칠 전부터 가슴이 답답해져 잠을 못 이루고 '혹시 연기되지 않나?' 하는 하지 말아야 할 기대를 하거나 무대에 서면 심장이 쿵쾅거려 마이크 잡은 손이 수전증 환자처럼 덜덜 떨려 그간 준비해 온 정보와 지식을 학습자들에게 바르게 전달할 수 없다면 업(業)을 잘못 선택한 것이다.

가르치는 일이 즐거워야 한다. 스트레스 대신 기분 좋은 흥이 올라와야(지나치지 않을 만큼) 하고 학습자들을 만나는 일이 설렘으로 다가와야 한다.

3. 대동(大同-사회를 이롭게 함)

함께 성장하여 모두를 이롭게 한다(대동사회(大同社會))

강의와 강연은 다르다. 강연은 강사의 주장이나 견해를 이야기하는 것이지만 강의는 학습자들이 가지고 있는 문제가 해결되어 그들이 정서적으로 안정되고 편한 상태로 성장할 수 있도록 하는 것이다. 이 과정에서 학습자도 성장하지만 강사도 성장하게 되어 모두가 이롭게 되니 마침내 사회를 이롭게 하는 것이다. 결국 자신을 먼저 닦아 사람들을 평안하게 해주는 것이다.

수기이안인(修己以安人)이라, 논어(論語) 헌문편에 나온다. 수기(修己)는 닦을 수(修), 자기 기(己)이니 자신이 먼저 깊이 있는 공부로 충분히 준비되어 강의라는 과정을 통해 학습자들이 가진 문제가 해결되는 안인(安人), 즉 그들이 편안하고 안정된 상태로 성장하게 하는 것이다.

강사는 가르치는 행위를 통해 지식을 전달하는 사람이니 유(儒)이어야 하는 것은 앞서 제시한 바 있다. 깊이 있는 공부를 통해 메시지를 창조하고 참여자와의 관계 형성(강의)을 통해 변화와 성장을 촉진하여 결국은 학습자들이 원하는 상태에 도달하여 행복한 삶을 영위하게 하고 개인과 사회를 모두 이롭게 하는 것이다. 그것이 대동(大同)이며 강사라는 업(業)의 본질이라 정리해 볼 수 있겠다.

지금까지 필자와 여러분이 업(業)으로 삼고 있는 강사라는 일에 대해 그 의미를 다시 생각해 보았다.

켄베인 뉴욕대 교수법 연구소장은 강사란 "자신의 일과 자신이 강의하는 과정 참여자의 학습에 초점을 맞추면서 지적인 삶을 영위하는 특별한 종류의 학자이자 사상가"라고 제시하고 있음에 주목해야 한다. 더 나아가 모두가 행복한 공존의 사회를 만들어가는 전문가, 그것이 강사(講師)라는 업(業)의 참된 의미일 것이다.

안타까운 현실

지금까지 강의의 기능과 효과, 그 강의를 진행하는 강사라는 업(業)에 대한 생각을 정리하면서 이제 우리가 하는 일에 대해 새로운 의미를 가지게 되었으나 요즈음의 교육 현장을 들여다보면 안타깝고도 씁쓸한 현실을 마주한다.

정부 정책이나 트렌드에 따라 유사한 내용의 프로그램들이 경쟁적으로 교육 시장의 양적 팽창만을 부추기지만, 막상 내용을 들어보면 그 허술함이 너무도 뻔뻔하고, 가혹하기 짝이 없는 교육비는 참가자들을 맥 빠지게 하니, 연구하고 공부하지 않는 강사들은 시장을 흐리고 학습자들을 기막히게 한다.

NCS(국가직무능력표준)가 공기업에 도입된다고 하자 발 빠른 학원들은 마치 자기들이 NCS의 모든 것을 해결해 줄 것처럼 학생들을 유혹한다. 공무원 시험에 5분 스피치가 도입된다고 하자 눈치 빠른 학원들은 마치 합격증이라도 줄 듯한 기세로 달변가를 만들어줄 것처럼 참가자 모집에 열을 올리고 있다. 또한 근거 없는 낙관으로 마치 자신들의 프로그램이 유일한 해결책인 것처럼 내세워 수강생들을 모으고 있다. 이처럼 방법도 잘 모르고, 접근하는 경로도 막막해 애태우며 발을 구르는 수많은 사람의 안타까운 도전에 편승해 자신들의 치졸한 욕구를 채우려는 가증스러운 교육자(儒)들을 어쩐단 말인가?

넘쳐나는 강의, 비슷한 내용, 가혹한 참가비

협회 활동을 하며 알게 된 이 선생은 차를 마시며 그간의 심적 상실감을 털어놓았다. 여러 분야의 교육을 이수하고 생애 설계 강사로 활동 중인 이 선생은 퇴직 후 써먹지도 못하는 수많은 교육을 그 비싼 강의료를 내며 왜 찾아다녔는지 후회스럽기 짝이 없다고 목소리를 높였다. 실업급여를 받고 있는 이 선생은 지역 고용청 사무소에 들어갈 때 비에 젖어 처진 날개를 가진 독수리처럼 우울하게 담당자를 만나 실업급여를 신청하고 나와서는, 강의 현장에서 구직자들에게 좋은 날 올 터이니 힘내서 교육받자고 공감 가지 않는 멘트를 날리는 자신이 너무나도 실망스럽다고 말한다.

돌아보면 필자도 다르지 않았다. 뭔가 준비해야 할 것 같은 강박에 쫓기거나 아니면 함께 공부하는 주위 사람들의 권유에 솔깃해 이런저런 교육을 받았고, 적잖은 액수의 돈을 지불했다. 그 방황의 이유가 불안함이든 친구 따라 강남 가는 귀 얇은 심성의 결과이든 여기저기 교육 프로그램을 전전하는 교육 쇼핑 현상은 필자가 가진 빈약한 지적 자산과 취약한 정보 때문에 프로그램 선택에 대한 기준을 스스로 세우지 못한 데서 연유한 것이었다. 그러다 보니 다른 사람들의 행로를 기웃대고 힐끔댈 수밖에 없는, 어찌 보면 당연한 귀결이었다.

들어보라고 유혹하고 모든 것을 해결해줄 것처럼 들이대는 강의는 정말 많았다. 날마다 메일을 통해 다양한 테마의 강의 안내가 스팸의 벽을 뚫고 필자의 메일함에 날아와 신청을 꼬드겼지만 찬찬히 살펴보면 유사한 제목과 비슷한 내용으로 마치 원조 자랑을 하고 있는 모양새였다. 어렵사리 이리 재고 저리 따져 결정하고 막상 강의를 들어 보면 나 자신의 안목과 선택을 비참하게 만드는, 돈이 아까운 강의들이 대단히 많다는 사실에 실망한 적이 한두 번이 아니었다. 심지어 같은 날 강의하는 다른 강사 두 명이 같은 파워포인트 화면을 가지고 비슷한 이야기를 하는 경우에는 그 실망이 정점에 이르렀다.

90분 강의를 진행하면서 3일 과정에 사용하던 파워포인트 자료를 수정하지도 않고 그대로 가져와 대부분의 슬라이드를 아무런 멘트 없이 그대로 넘기며 1시간 반을 날로 먹는 생식자부터, 강의 내내 자기 자랑으로 학습자를 무시하고 주눅들게 만들고 비참하게 만드는 정복자, 강의 시간에 지각하고 학습자를 위한다며 30분 일찍 끝내는 개념 상실자, 다른 강사의 자료를 가져다 자기 자신의 고민과 해석 과정도 없이 그대로 제시하는 복제자, 상품을 참여자에게 던지고 도를 넘는 유머와 저급한 욕이 마치 재미인양 착각하는 폭력자까지, 필자는 강의 현장에서 다양한 실망의 실체들을 만났다.

학습자를 해방시키자

이제 학습자들을 불안한 교육 쇼핑에서 해방시키자. 근거 없는 장밋빛 미래를 제시하며 이 강의를 들으면 오래도록 안정적으로 좋은 수입을 올릴 수 있다고 공언하는 근거 없는 확신을 바로 보게 하자. 국가가 공인하는 자격이 아님에도 수료증을 받으면 밝은 전망과 미래가 보장되는 전문가가 될 수 있다는 허울 좋은 유혹을 뿌리치게 하자.

강의는 학습자들이 자신을 바로 보게 하고 환경을 제대로 판단하게 하며 그것을 토대로 현실에 적절하게 대응하게 하는 진실과 신뢰를 기반으로 한 프로그램이어야 한다. 애인에게 프러포즈하는 심정으로 정성스럽게 준비하고 전문가답게 진행해서 냉정하게 평가받아야 한다. 그것이 참가자가 지불하는 교육비에 대한 최소한의 도리가 아닌가?

적어도 참여자들에게 이런 말이 나오면 안 될 일이다.

"수료했는데 아무 일도 안 생기던데요."

Chapter 02

강사의 자격과
바른 강의의 조건

논어에는 충서(忠恕)라는 말이 나온다. 충(忠)이란 정성스럽고 진실한 마음가짐을 의미한다. 충(忠)은 가운데를 뜻하는 중(中)과 마음을 뜻하는 심(心)이 결합된 글자이니 '마음의 한가운데', 즉 진실된 마음을 뜻한다. 사고와 행동이 가장자리나 변두리에서 헤매지 않고 학습자를 신뢰하는 진실한 마음의 한가운데에 머물 때 강의에 정성을 다할 수 있고 성과를 거둘 수 있다.

서(恕)란 같은 마음을 의미한다. 서(恕)는 같음을 뜻하는 여(如)와 마음을 뜻하는 심(心)이 합쳐진 글자이니 나의 마음이 학습자의 마음과 같다는 의미이지만 단순히 같은 마음만을 가지는 것이 아니라 나의 마음과 학습자의 마음을 통하게 하는 공감(sympathy)을 말한다.

내가 마음의 중심을 잡고(忠-진실된 마음) 학습자를 진심으로 신뢰할 때 학습자의 마음 또한 진실하다(忠)고 믿을 수 있다.

충(忠)하지 못하면 서(恕)하지 못한다. 마음이 진실하지 못하고 가장자리에 머물러 중심을 잡지 못한 사람은 학습자의 마음 또한 변두리에 머물러 있는 것으로 파악하여 그들을 통제하려 한다. 진정한 공감은 인내와 억누름에서 나오는 것이 아니라 학습자 또한 나처럼 마음의 가운데를 잃지 않을 것이라고 믿는 신뢰와 긍정적 태도에서 나온다.

충서(忠恕)란 '정성과 공감'이며 강사와 학습자와의 바른 관계를 만들어가는 가장 중요한 덕목이다. 기억에 큰 울림으로 오래 남는 바른 강의는 정성스러운 준비와 학습자와 공감을 일으키는 관계에서 만들어진다. 많은 사람이 엄지를 치켜들며 추천하는 명품 강의는 분명 무언가 공통된 조건이 있을 터, 필자는 그것을 충서(忠恕)라 제안한다.

필자는 앞서 강사라는 업(業)에 대해 그 의미를 다시 정립하면서 강의가 학습자들과 관계를 형성해 가는 과정이라 제안하였다. 그러면 강사는 어떤 자세를 가져야 하고 바른 강의는 어떤 조건을 가지고 구성되어야 하는가?

강사의 자격

스스로 먼저 행동하는 실천가

> **신즉인임**(信則人任)
> 신뢰가 있으면 남들이 그들의 일을 다 하게 된다. - 논어 양화편

　필자가 살던 동네 어귀에는 매달 장이 섰다. 거기에는 원숭이 한 마리를 데리고 다니며 못 보면 평생 후회할 기가 막힌 재주를 부린다고 사람을 모아 놓고는 원숭이 재주는 뒷전이고 세상에 둘도 없는 만병통치약(무좀부터 암까지 고치는 백색의 가루였다)을 팔았던 약장수가 있었다.

　시골서 국민학교를 다니던 시절, 장날이면 필자는 만사 제쳐놓고 장터로 달려나가 약을 파는 난장 맨 앞줄에 턱을 괴고 쪼그려 앉아 못 보면 평생 후회한다는 원숭이 재주를 기다렸다. 하지만 약장수 아저씨와 원숭이는 장날마다 내 기대를 야속하게 외면했다. 몇 번을 기다려도 약만 팔았지 원숭이는 상자 밖으로 나올 기약이 없어 보였다.

　그날도 역시 혹시나 하는 기대로 맨 앞줄에 앉았는데 "넌 언제쯤 나오니?" 하는 원망으로 원숭이만 쳐다보다 괜한 의문이 들었다.

저 약은 정말 모든 병을 다 고쳐주나?
그럼 약장수 아저씨도 저 약을 먹을까?
모든 병을 다 고친다는 만병통치약이라는데….

'오늘도 원숭이 재주 보기는 틀렸군.'

포기하며 일어서다가 해서는 안 될 질문을 던진다. 무식하면 용감하다더니 그것도 학교에서 배운 대로 착하게 손을 번쩍 들고 말이다.

"저… 아저씨! 근데 아저씨는 그 약 먹어요?"

얼굴이 붉게 달아오른 약장수 아저씨는 "애들은 가라." 하며 나를 물리쳤다. 아마 "애들은 가라."는 말이 그때부터 시작되었을 게다. 성인이 되어서도 그 의문을 해결하진 못했지만 그 약장수는 자기가 파는 약은 먹지 않았을 것이라는 생각에는 확인되지 않은 확신이 있다.

생각해 보면 강의도 상품이니 독자 여러분도 나도 파는 사람이다. 하지만 자신은 먹지도 않는 약을 파는 약장수처럼 정작 자신은 실천하지 않으면서 다양한 처방과 방법들을 학습자들에게 강요하는 것은 신뢰를 얻을 수 없다.

생애 설계를 강의하면서 삶에 대한 설계와 준비가 필요하다고 학습자들을 설득하면서 정작 자신의 라이프 플랜 하나 없으면 학습자들이 강사를 신뢰하겠는가? 리더십에 대해 강의하면서 스스로 리더의 덕목은 실천하지 않고, 소통과 배려를 이야기하면서 자신은 불통과 아집으로 사람들과 관계하고, 가족의 소중함을 강조하면서 가정에서는 폭력을 휘두르는 가장이라면 약장수와 다를 것이 무엇인가? 미안한 말이지만 '맛있는 녀석들'이라는 먹방에 나오는 거구의 출연자들은 천상 개그맨이지 다이어트 강사는 아닌 것이다.

학습자의 신뢰가 있어야 성장을 자극할 수 있다. 자신이 먼저 스스로 실천하는 '수기(修己)'의 실천적 경험이 있어야 학습자들도 강사를 신뢰하고 그들의 변화를 위해 행동하게 되는 법이다.

우리는 실천하는 유(儒)인가 떠벌리는 약장수인가?

빠르고 민첩하게 매일매일 새로워지는 전문가

> **민즉유공**(敏則有功)
> 민첩하면 공이 있게 된다. – 논어 양화편

필자는 강의도 상품이며 강사는 상품을 판매하는 사람이라 제안하였다. 하여 강사에게는 깊이 있는 공부로부터 전문가다움이 묻어나와야 한다. 프로다워야 한다는 말이다. 그래야 팔린다.

프로는 '강의'라는 자신의 상품에 대해 누구보다도 잘 알고 있으며 학습자에게 어떤 이득이 있는지 구체적으로 제시하고 공감을 이끌어 내는 능력을 갖추어야 한다. 그러니 강사는 공부하는 일을 게을리해서는 안 된다. 끊임없이 자신을 살피고 쉼 없는 학습을 통해 스스로 강해져야 한다. 그것이 자강(自強-스스로 강해짐)이고 '전문가다움'이며 그 '전문가다움'이 학습자의 신뢰를 만들어 낸다.

지성무식(至誠無息)[9]이라 했다. 지극한 정성은 쉼 없는 것이니 환경의 변화와 시대의 흐름을 아무 생각 없이 지켜만 볼 것이 아니라 발 빠르고 정성(精誠)스럽게 자신의 콘텐츠와 관련된 새로운 정보와 자료들을 눈여겨 살펴 내용을 고쳐가야 한다. 그것이 강사의 공부요, 일상이다.

변화는 보려고 해야 보이는 법이니 환경과 세상의 변화를 자세히 살피고 강의에 빠르게 적용해야 하는 것이다. 특히 학습자들에게 전달하려고 하는 내용과 관련된 통계나 참고 자료들은 시기에 맞는 내용으로 신속하고 민첩하게 고쳐두어야 한다. 그래야 전문가다움이 묻어나고 학습자들의 신뢰를 얻을 수 있을 뿐 아니라 "다음에도 다시 한 번 와주세요."라는 새로운 공(功-recall.

---

9) 정성스러움은 쉼이 없어야 한다. 변함없는 항상성(constant)을 강조하고 있다. 중용 26장

다시 강의를 요청하는)을 보장하는 것이다. 5년 된 통계와 10년 지난 자료로 무엇을 끌어낼 수 있단 말인가? '타임리(timely: 시기 적절한)'라는 말은 야구에만 쓰는 용어가 아니다.

우리는 민첩한 전문가인가, 게으른 얼치기 재주꾼인가?

학습자의 의견을 존중하고 공감하는 유연한 촉진가

> **관즉득중**(寬則得衆)
> 너그러우면 뭇 사람들의 마음을 얻는다. – 논어 양화편

가끔 가벼운 감기로 동네 의원을 찾는 경우가 있다. 두 번째 가는 날 의사는 대부분 이렇게 묻곤 한다.

"좀 어떠세요?"

이럴 때 여러분은 어떤 대답을 하시는가? "별 차도가 없는 데요." 이렇게 대답하기 참 난감하지 않던가? 왠지 "네, 좀 좋아졌어요." 이렇게 말해야 할 것 같은 생각이 드는 것은 필자만의 생각일까?

강의 과정에서도 특정 주제에 대한 강사의 생각과 의견을 피력해 가다가 강사가 청중에게 별생각 없이 던지는 "동의하시죠?"[10]라는 질문도 필자는 그리 편치 않다. 강사의 이 질문에 청중이 과연 "아니요. 동의하지 않아요."라고 대답할 수 있을까?

퇴직 후 생애 설계를 주제로 하는 강의에서 퇴직 이후의 변화를 이야기하며 "집은 누구의 공간인가?"라는 대목에서 필자는 단호하게 '집은 아내의 공

---

10) 수용을 강요하는 듯한 질문은 자칫 학습자의 사고를 제한할 수 있다.

간'이라고 단정적으로 표현하고 장황하게 나의 느낌과 사례를 제시해서 학습자들을 불편하게 했던 경험이 있다.

필자는 평소 남편은 아침에 나가 대부분의 시간을 직장에서 보내고 저녁에나 들어오니 당연히 그동안 집은 아내의 공간이라고 생각하고 있었던 것이다. 그런데 혹시 퇴직 후 이제는 집이 아내와 함께하는 공간이라고 생각하는 참가자가 있었다면 이 상황은 '집은 아내의 공간'이라는 강사 자신의 생각을 그들에게 강요하는 꼴이 된다.

학습자들에게 강사가 의도한 대답을 강요하거나 자신의 생각을 지나치게 확신하는 것은 매우 위험하다. 강사가 가지는 신념은 학습자들에게 때론 압력이 된다는 것을 잊지 말아야 할 뿐 아니라 매사 지나치게 자신 있는 결정과 과감한 단언을 우리는 경계해야 한다.

강사는 학습자의 사고를 확장하는 촉진자이니 질문도 열린 질문(선택지가 많은 질문)을 던져 학습자의 생각에 과감히 마이크를 넘겨 참여자들과 함께 생각하고 이야기할 수 있는 기회를 만들어 가야 한다. 그래야 학습자의 생각을 헤아려볼 수 있고 그러한 존중은 공감을 형성한다. 그뿐만 아니라 논의하는 주제와 전혀 상관없는 의견을 이야기하거나 질문하는 경우에도 질문한 것 자체를 먼저 칭찬하고 너그럽게 들어주는 것이 좋다. 그리고 학습자의 참여 의지를 격려하고 따로 시간을 내어 응대할 것을 약속하고 그 약속은 잊지 않고 지켜주길 권한다. 질문이 다소 사소하고 잡담 수준의 것이어도 답을 외면하지 말고 응대하자. 질문에 답을 달으면 학습자는 방관자가 될 수도 있기 때문이다.

어떤 경우이든지 "여러분은 어떻게 생각하세요?", "혹시 다른 의견 있으신 분 계세요?"라고 물어서 학습자들의 이야기를 겸손하고 열린 마음으로 들어주어야 한다. 그것이 학습자의 사고를 제한하지 않고 무한한 개방성에 두는 촉진가의 유연함이다. 강사의 마음이 학습자를 신뢰하고 너그럽게 열려

있어야 학습자의 마음을 얻는 법이다.

우리는 학습자들의 사고를 여는가, 아니면 자신의 생각을 강요하는가?

스스로를 낮추고 학습자를 존중하는 소통가

> **공즉불모**(恭則不侮)
> 공손하면 업신여김을 받지 않는다. - 논어 양화편

대학원에 입학해 커리어와 관련된 공부를 본격적으로 시작하던 초보 강사 시절, 대학원 학생회에서 마련한 특강 프로그램에 강사로 초청된 HRD 관련 회사의 대표는 자신의 화려한 이력과 커리어 컨설팅의 다양한 이론들을 영어를 섞어 제시하면서 이제 막 공부를 시작한 초짜 대학원생들을 한껏 초라하게 만들고 있었다. 본인 사진과 장황한 프로필을 스크린에 띄워놓고 30여 분을 자서전 수준의 인생사를 나열하는 것으로 강의를 시작하더니 강의 중간중간 던지는 질문에 대답 없는(원래 학습자들은 대답에 인색하다. 특히 성인일 경우) 불편한 적막이 흐르면 "뭘 배운 거냐?"며 핀잔하거나 답변이 시원치 않으면 "전문가다운 대답을 하라."며 뜬구름 잡는다는 비아냥거림과 의미 모를 묘한 웃음을 던지며 한껏 자신을 뽐내었다.

강의의 요지는 한마디로 "너희는 어림없다. 아직 멀었어."였다. 강의실을 나서는 대학원생들은 하나같이 실망한 표정이 역력해 보였다. 몇 년이 흐른 뒤 필자는 그분에 대한 강의 현장의 냉정한 평가를 듣게 되었는데, "그럼 그렇지." 하며 이유가 충분하다는 생각을 하였다.

학습자들이 조금 부족할 수 있다. 그러니 배우려는 것 아닌가? 선생(先生)은 먼저(先) 배운 학생(生)을 이르는 말이다. 그러니 자기도 배우던 시절이 있있는데 좀 더 먼저 알았다고 그리 젠체할 일이 아니다. 강사는 학습자들이 조금 부족한 듯해도 가능성을 격려하고 조금 모자란 듯해도 미래를 보게 해서 학습자 스스로 무한한 가능성을 가진 변화 가능태임을 인식할 수 있도록 촉진해야 한다. 또한 강사에게 학습자들이 어려워하는 문제에 대한 해결책이 있다 해도 학습자가 원하는지 확인한 다음 '무조건적 수용'이 아닌 '제안'의 수준으로 제시해야 한다. 그것이 학습자에 대한 존중과 소통의 시작이다.

우리에게는 가르치는 사람이며 지식의 전수자라는 권위를 내려놓고 학습을 안내하고 함께 배우는 또 다른 학습자라는 인식이 필요하다. 교학상장(敎學相長)은 가르치는 것과 배우는 일이 서로의 학습을 성장(成長)하게 하고 진보(進步)시킨다는 의미이니 어디서든 귀 기울여 듣고 누구에게든 자신을 낮춰 배워야 한다.

가르치려 하지 말고 함께 배우자.

심리학에는 아첨 효과(Flattery effect)라는 것이 있다. 대부분의 사람은 자신에 대한 긍정적인 진술은 무조건 믿으려는 경향이 강하고, 특히 자신이 특별한 능력을 가졌거나 탁월하다는 식의 진술들은 쉽게 받아들인다고 한다. 강의 중간중간 칭찬, 인정, 격려로 학습자를 돋보이게 아첨하자. 그래야 학습자들도 강사를 가벼이 보지 않는다. 자신이 높이 오르려면 상대를 높이 띄워야 하는 널뛰기의 이치를 기억해야 한다.

강연 프로그램인 TED의 10계명에는 연사가 속한 기업, 제품, 저서에 대해 언급하거나 자랑하지 말고 약하게 보이라는 항목이 있다. 자기 자랑보다는 학습자를 돋보이게 해야 강사도 빛나는 법이다.

강사는 컴퓨터의 아이콘을 도드라지게 하는 바탕화면이어야 한다. 우리는 스타인가, 학습자를 스타로 만드는 배경화면인가?

바른 강의의 조건

지금까지 강사는 어떤 자세와 태도를 가져야 하는가에 대해 이야기해 보았다. 그러면 이제 우리가 학습자들에게 제공하는 '강의'라는 매체에 대해 이야기해 보자. 필자가 진행하는 프로그램에 참여하는 학습자들을 대상으로 이렇게 질문해 보았다.

"어떤 강의가 좋은 강의일까요?"

모둠별로 논의하고 많이 나온 의견을 살펴보니 아래와 같았다.

- 참여자들의 요구 인식
- 강사의 전문적인 지식
- 참여자들과의 소통
- 유머와 재미
- 쉽고 간결한 내용

내용을 정리해보면 요구 인식, 전문성, 소통과 재미, 쉬운 내용이라 할 수 있다. 학습자들이 외면하지 않고 다시 찾게 되는 강의는 어떤 조건을 가져야 할까? 성공하는 강의의 조건을 정리해 보자.

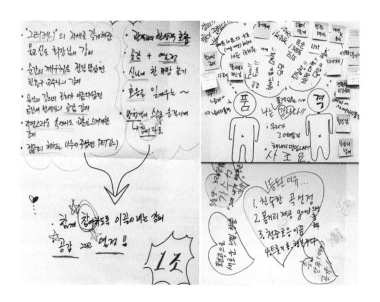

학습자의 관점에서 그들의 욕구를 완벽히 파악하고 있는 적절성

작은 아이는 바닥에 엎드려 뭔가를 열심히 만들고 있다. 과외 모집을 안내하는 전단이었다. 흰색 A4 용지 맨 위에 '과외 모집'이라 제목을 적고 중앙에는 슬로건인 듯 "열심히 지도하겠습니다."라고 굵은 글씨로 제법 비장한 각오를 밝혔다. 그리고 아래에는 보는 사람이 뜯어가기 편하게 전화번호를 적어 갈라진 모양으로 한참을 공을 들여 만드는 것이다. 뒤에서 물끄러미 그 모양을 쳐다보고 있던 나는 넌지시 아이에게 물었다.

- 빈아 "열심히 지도하겠습니다"는 누구 생각이니?
- 내 생각이지.
- 그렇지 네 생각이지…. 그 전단지를 대부분 누가 볼 거 같으니?
- 아마 엄마들이 보겠지?
- 그렇다면 전화번호 가져가는 사람들은 대부분 아이 엄마들일 텐데 엄마들이 듣길

원하는 얘기도 "열심히 지도하겠습니다"일까?

아이는 한참을 생각에 잠기는 듯했다. 그러더니 만들던 전단지와 도구들을 주섬주섬 챙겨 자기 방으로 들어가 버렸다. 이틀 뒤 아이는 홍보 전단을 다시 만들고 있었다. 우선 종이가 좀 커졌고 색깔이 있는 용지로 바뀌었다. 그리고 또 하나, 전단지 중앙에 적은 슬로건이 바뀌어 있었다. 그것도 매우 도발적으로 말이다.

"성적 떨어지면 과외비 돌려드립니다."

그날 저녁부터 아이의 전화는 불이 나기 시작했고 두어 달 뒤 나는 구두 한 켤레를 선물로 받았다.

강의는 학습자가 원하는 것이 무엇일까 파악하는 것부터 기획되고 준비되어야 한다. 그것이 요구 분석이다. 요구 분석은 학습자들의 현재 상태(As is)와 변화와 성장이 이루어진 미래 상태(To be)의 차이를 분석하는 절차이다. 이것이 제대로 되지 않으면 학습자들은 외면하게 된다. 내가 하고 싶은 이야기를 하는 것이 아니라 학습자들이 듣고 싶은 내용을 그들의 언어로 전달하는 것, 그것이 강의이고 그렇게 기획하고 준비된 강의가 학습자의 공감을 얻는다.

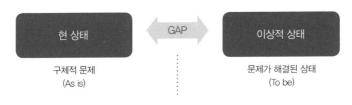

무엇으로 어떻게
이 문제를 해결 할 것인가
(설명. 제시. 활동. 도구. 체험)

학습자들이 활용할 수 있는 지식을 제공하는 유용성

> 좋은 약은 원래 입에 쓴 법이다.
>
> 이게 다 너 잘되라고 하는 얘기야.

부모님도 학교 선생님도 군대 고참도 직장 상사도 내게 늘 이렇게 말하곤 했다. 보약임을 강조하며 쓰디쓴 상처받는 언어로 나를 꾸중하고 몰아붙이고 초라하게 만들었다. 아무리 나 잘되라고 하는 충고이고 보약이지만 정작 먹는 사람은 아무짝에도 쓸모없는 사약이란 생각을 왜 하지 못하는지 모르겠다. 보약인지 사약인지는 먹는 사람이 결정하는 것이다.

강의는 학습자가 원하고 활용할 수 있는 유용한 정보를 제공해야 한다. 본인에게는 귀중하고 보약처럼 유용한 내용일지라도 정작 학습자들에게는 쓸모없는 사족 같고 부실하기 짝이 없는 정보라면 참가한 사람들의 소중한 시간을 죽이는 사약과 다를 바 없다.

강의 시간은 중요하지 않다. 한 시간이든 3일이든 중요한 것은 학습자들이 강의를 통해 무엇을 얻어갈 수 있고 어떤 점이 유용한가를 제시해 주는 것이다. 강의가 끝나면 참가자들에게 어떤 이득과 변화가 있을 것인가를 기획단계에서 명확히 설정해야 한다. 그렇지 않다면 강사도 학습자도 양쪽 모두 시간을 허비하는 후회스러운 투자일 뿐이다.

스스로에게 자문해 보자. 나는 과연 자신이 하는 이 강의를 돈을 지불하고 들을 의향이 있는가? 또 친구에게 꼭 들어보라고 추천할 의사가 있는가?

장황하지 않고 핵심을 드러내는 간결성

재미있다. 배꼽이 어디 있는지 모를 정도로 웃었다. 강사는 마치 뇌가 입에 달린 듯했다. 강의 내내 깔깔거리다 보면 쉬는 시간이고 또다시 책상을 두드리며 한바탕 자지러지게 웃다 보면 강의는 끝난다.

그렇게 두세 시간을 흐드러지게 웃고 강의장을 나오면서 너무 재미있어서 아무 생각 없이 마냥 웃기는 했는데, 뭘 배운 건지 정리가 되지 않는 경우를 당해보지 않았는가?

재미는 의미와 함께할 때 효과를 찾는다. 의미 없는 재미는 쓸모없는 수다일 뿐이다. 전달할 내용의 본질을 잃어버리고 장황하게 자신에 대한 신변잡기나 주제와 별 연관 없는 경험을 나열하다 보면 이야기는 앞뒤가 없어지고 곁가지로 빠져 공원에서 길 잃은 미아처럼 내용의 본류로 찾아들어 오기가 만만치 않다.

강의는 수다가 아니다. 큰 울림으로 오래도록 기억에 남는 의미 있는 내용과 행동을 부추기는 묵직한 메시지가 있어야 한다. 장황하지 않고 간결하게 학습자들의 필요에 꼭 들어맞는 핵심을 찌르는 신의 한 수가 필요하다. 재미있어야 한다는 것에는 동의하지만 학습자를 즐겁게 만들더라도 이야기의 핵심은 잃지 말아야 한다.

너무 많이 주려 애쓸 일이 아니다. 재미있게 말하려 노력할 일도 아니다. "그래서 뭔데?"의 그 '뭔데'를 말해야 한다. 장황한 수다보다 핵심을 관통하는 간결하고 힘 있는 메시지가 훨씬 더 오래 남는다.

내용을 관통하는 이야기의 일관성

유년 시절 필자의 어머니는 어려운 형편에 조금이나마 보태시려 목걸이 만드는 부업을 하셨다. 진줏빛 나는 뽀얀 구슬들을 붉은색 작약꽃 그림이 그려진 양은 쟁반에 수북이 쌓아 놓으시고 바늘 모양의 막대에 끈을 걸어 구슬을 하나하나 꿰어 목걸이를 만드는 일이었다. 학교에서 돌아오면 마루에 앉아 무릎 위에 푸른색 작업보를 펼치고 구슬을 꿰어 목걸이를 만드시던 어머니의 고단한 모습은 애잔한 기억으로 남았지만 실로 꿰어진 진주 구슬들은 목걸이로 만들어져 좋은 빛깔을 뽐내고 있었다.

내 어머니가 꿰셨던 진주 알갱이들은 우리가 강의에서 전달하려고 하는 단락들이며 내용들이다. 낱개의 구슬들이 하나의 실로 꿰어져 목걸이가 만들어지는 것처럼 강의도 각각의 단락과 내용이 하나의 일관된 스토리로 꿰어져 관통되어야 한다.

'개그콘서트'나 '웃찾사' 같은 개그 프로그램을 보면 전체적인 프로그램 속에 각 코너들이 있고, 그 코너들은 각자의 이야기로 독립적이다. 강의는 독립된 그 코너들이 일관된 주제와 하나의 이야기 흐름으로 이어지는 모양이 되어야 한다. 그래서 강의는 전체를 장악하는 일관된 스토리가 있어야 하는데, 강의 설계 단계에서 가장 먼저 이야기의 흐름(story line)을 설정하는 것은 구슬을 꿰는 튼튼한 실을 만드는 것과 같다. 스토리 라인(story line)은 강의를 전체적으로 지탱하고 유지하는 이야기의 축이며 흐름이다.

구직자를 대상으로 하는 강의로 예를 들어보자.

직업을 찾고 있군요 – 어떤 절차가 필요할까요? – 몇 가지 제안을 드리면 먼저 구직에 접근하는 패러다임을 바꿔보시라 권합니다. – 그러고 나서 자신이 어떤 자질과 능력을 가졌는지 진단해 보세요 – 진단을 통해 알게 된 자산을 바탕으로 어떤 분야의 일을 고려해 보는 게 좋을까요? – 그 분야로는 어떻게 접근하면 되지요? – 그 접근 방법들을 실천할 구체적 계획을 수립해 보시지요.

이렇게 강의 내내 하나로 유연하게 이어지는 이야기의 흐름이 있어야 한다. 그래야 학습자도 강사도 집중력을 놓치지 않게 된다. 스토리 라인을 구성하고 각각의 이야기 단락을 모듈로 만들어 제목을 붙여 전체적인 내용을 구성하고, 그것을 기초로 강의록을 만드는 것이 프로그램을 설계하고 구성하는 절차이다.

강의는 구슬이 실로 꿰어진 목걸이가 되어야 한다. 구슬이 하나로 꿰어지지 않으면 제품이 되지도 않으니 팔리지도 않을 것이고 꿰어지지 않은 구슬은 소반 위를 굴러다니며 그저 시끄럽게만 할 것이다.

바른 강의의 구성 (학습자 설득의 조건)

바른 강의가 갖추어야 할 조건을 정리해 보았다. 그렇다면 강의는 어떻게 구성되어야 학습자들을 설득하고 집중력을 유지할 수 있을까?

케임브리지대 심리학자 케빈 더튼(Kevin Dutton)은 상대방을 설득할 수 있는 조건을 '초설득'이라 제안하고 그 내용을 스파이스(SPICE)로 요약하여 제시하고 있다.[11]

1. 단순성(Simplicity)

그림 그리는 일이 캔버스에 이미지를 더해가는 작업이라면 사진은 잘라내는 작업이다. 설득력 있는 강의는 그림보다 사진의 개념으로 접근해야 한다. 핵심을 남기고 많이 덜어내야 단순해지고 단순해야 기억하기 쉽다.

사람의 뇌는 짧고 단순한 말에 쉽게 설득된다. 역사적으로 명연설을 남긴 웅변가들은 공통적으로 간단명료한 문장을 구사했다. 킹 목사나 케네디, 노무현 전 대통령의 연설은 힘 있고 간단하다. 같은 현상을 설명하는 두 개의 주장이 있다면, 간단한 쪽을 선택하자. 설명은 간단할수록 좋다!

2. 학습자들이 이익을 감지하도록 하자(Perceived self-interest)

같은 말이어도 상대에게 이익이 되는 것처럼 할 줄 알아야 한다. 앞선 예에서처럼 과외 모집을 한다면 "열심히 지도하겠습니다"보다는 "성적 떨어지

---

11) 《이인식의 멋진 과학》(조선일보, 2010)에서 참조

면 과외비 돌려드립니다"가 훨씬 더 설득하기 쉽다.

프레이밍 효과(framing effect)를 이용해보자. 가령 생존율 50%와 사망률 50%는 같은 내용이지만 듣는 사람은 다른 느낌으로 받아들인다. 문제의 제시나 상황의 설명 방법에 따라 인간의 판단이나 선택이 크게 달라지는 것이다. 가급적이면 상대의 이익을 극대화하는 표현으로 정보를 제공하면 설득이 쉽다.

3. 의외성(Incongruity)

의외성은 대비와 유머(부조화)를 말한다. 사례나 실증을 제시할 때 상반되는 것을 제시하여 비교하거나 반전을 가져오는 유머는 학습자를 집중하게 하고 강의를 힘 있게 한다. '사색보다는 검색이 우선인 시대'같이 라임이나 음운을 이용하거나 유사한 이미지를 대비시키는 것도 좋은 방법이다.

4. 자신감과 신뢰(Confidence)

신뢰감이 떨어지는 사람에게 설득당할 사람은 아무도 없다. 신뢰는 설득의 진실성을 담보하는 최선의 무기이다.

깊이 공부해서 자신 있게 말하고 넓게 공부해서 다양하게 제시하자. 자료의 제시는 명확한 출원을 근거로 하고 자신의 의견은 구조화된 논리를 기반으로 주장해야 한다. 강의 전체의 흐름을 완전히 익혀 교안을 힐끔거리거나 제시된 파워포인트 내용을 그대로 낭독하는 일이 없어야 한다. 강의 중에 뭔가를 자꾸 확인하고 보는 것은 강의 내용을 완전히 장악하지 못하고 준비가 부족한 것으로 보여 강사에 대한 신뢰를 추락시키는 치명적 결함이다.

5. 공감(Empathy)

상대의 마음을 헤아리지 못하고 설득하겠다는 것처럼 어리석은 일은 없다. 상대를 배려하고 역지사지(易地思之)하는 자세로 접근하면 학습자들은 강의 안으로 끌려 들어오게 될 것이고 마음의 문을 열 것이다.

베이비부머를 대상으로 하는 강의는 그들이 국가 발전의 논리에 자신의 욕구를 억압당하면서 살아온 강요된 산업 전사로의 생활에 대한 깊은 이해와 공감이 있어야 하며, 이제 막 입직한 신입 직원들을 대상으로 하는 강의는 조직에서 막내로 살아가는 애환을 공감하지 않으면 메아리 없는 공허한 외침이 되기 십상이다. 강의는 강사의 생각을, 공감을 기반으로 한 학습자의 언어로 이야기하는 도구이다.

이런 다섯 가지 조건이 갖추어져야 학습자를 설득할 수 있고 그들의 변화를 촉진하여 성장을 위한 행동으로 유도할 수 있다.

결국 학습자를 설득하고 그들의 변화와 성장을 위한 행동을 촉진하기 위해서는 3개의 영역이 균형 있게 어울려야 하는데 필자는 그것을 준비, 진행, 평가라고 제안한다.

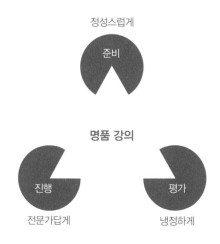

카니자의 삼각형을 떠올려보자.

각각의 팩맨이 준비, 진행, 평가라고 하면 그 팩맨의 내부에 위치한 보이지 않는 삼각형은 우리가 강의를 통해 추구하고자 하는 목적이며 효과일 것이다. 팩맨의 위치가 달라지거나 그 크기가 변하면 삼각형은 보이지 않는다.

준비는 학습자의 욕구를 근거로 정성스럽게!

진행은 깊이 있는 공부를 근거로 전문가답게!

평가는 학습자의 시각을 근거로 냉정하게!

그것이 '바른 강의'를 만드는 힘이다.

Chapter 03

준비하기

바른 강의를 위한 세 개의 기둥

"내 강의는 지속 가능한가?"라는 질문을 우리 스스로에게 해보자. 어떤 답을 할 수 있을까? 어떻게 하면 지속 가능할 것인가?

필자는 지속 가능한 강의를 만들기 위해 정성스럽게 준비하고 전문가답게 진행하며 냉정하게 평가하는 세 가지의 큰 기둥을 제안하고자 하며, 이 세 가지의 균형이 잡힌 강의를 '바른 강의'라 이름하고자 한다.

기초와 기둥이 잘 세워져야 건물도 튼튼하고 오래 남는 명품 건축물이 되는 것처럼 강의도 다양한 지적 자산과 도구와 기술이 튼튼한 기초를 이루어야 한다. 강의를 '집'이라고 생각해 보면 튼튼한 기둥은 가장 중요한 요소이기도 하다.

제대로 된 준비

　필자는 77년에 볼링에 입문했다. 당시 서울에는 지금과 같이 볼링 핀이 자동으로 세워지는 곳은 한강 변에 있는 H볼링장이 유일했다. 몇 되지 않던 볼링장은 모두 핀이 쓰러지면 핀 데크 끝에 있는 공간에 사람이(핀보이라고 불렀다) 들어가 세워주거나 심지어 볼링 핀에 투명한 끈이 연결된 곳도 있었으니 지금 생각하면 격세지감이다.

　핀이 깨지는 경쾌한 파열음에 끌려 배우기로 했다. 좀 더 멋지고 좋은 자세와 높은 점수를 받아볼 생각으로 볼링장에서 운영하는 강습을 신청했는데, 나를 지도했던 코치는 한 달 내내 공은 만지지도 못하게 하고 모래로 가득 찬 주머니와 물이 채워진 플라스틱병을 건네주고는 스윙과 스텝만 연습시키는 것이었다. 꼭 4주 동안을 모래주머니와 물을 채운 플라스틱병을 번갈아가며 움켜쥐고 오로지 팔을 앞뒤로 흔드는 스윙과 볼링 레인을 걷는 스텝만 연습했다. 그러면서 코치가 한 달 내내 강조한 것은 공을 굴리기 위한 제대로 된 준비와 바른 자세였다. 그렇게 한 달을 보내고도 본격적으로 레인에 올라 공을 굴려본 것은 다시 4주가 지난 뒤였다. 그러나 지루한 준비를 거쳐 입문한 볼링은 지금 어디를 가도 그 자세를 몸이 기억해 그리 나쁘지 않은 스코어를 기록하는 것은 어쩌면 당연한 결과일 것이다.

　자세가 제대로 잡혀 몸이 기억할 정도의 체화된 준비가 되어있지 않으면 기록이 들쭉날쭉하듯이 준비 없는 강의는 그 기복이 심해 다음 기회를 스스로 박탈하는 불량품이 되고 만다. 그래서 준비해야 할 내용과 자세한 항목을 몸과 머리가 기억할 수 있도록 습관화하는 것이 중요하다.

사전분석 '3P'

강의를 준비하면서 누구를 대상으로 하며, 그들에게 어떤 성장이 있게 할 것이며 어디서 만나는가를 사전에 철저하게 분석해 봐야 한다.

누구를 만나는가(People), 어떤 목적을 가지고 만나는가(Purpose), 그리고 어디서 만나는가(Place)의 항목으로 나누어 정리해 보자.

누구를 만나는가(People)

프로그램의 대상이 누구인가는 강의 설계에서 무엇보다도 중요한 정보이다. 평창 동계올림픽 유치 프레젠테이션을 총지휘했던 올림픽 유치 컨설턴트 테렌스 번스는 프레젠테이션에서 가장 중요한 것은 첫째도 청중을 파악하는 것, 둘째도 청중을 파악하는 것, 셋째도 청중을 파악하는 것이라고 주장하며 참여자에 대한 정보를 강조하고 있다. 이는 우리가 만나는 학습자의 다양한 특성에 따라 강의 내용뿐 아니라 접근 방법도 달리해야 하기 때문이다.

공자도 제자의 성격에 따라 응대와 교육을 달리하고 있다.

"들으면 바로 행해야 합니까?"라는 제자들의 물음에 자로라는 제자에게는 "부형이 계시니 어찌 듣고 곧바로 행하겠느냐?" 하였고, 또 다른 제자 염유에게는 "들으면 곧 행해야 한다"고 가르친다. 그리고는 그 이유에 대해 자로는 앞서가므로 물러나게 한 것이고 염유는 물러나므로 나아가게 한 것이라

말하니 제자들의 성격과 상황에 따라 달리 말하고 교육했던 것이다.[12]

강의도 이와 다르지 않으니 공자가 제자들이 가진 특성에 따라 달리 말했던 것처럼 학습자의 성격과 특성에 따라 다르게 설계하고 적절하게 접근해야 한다.

그렇다면 학습자들과 관련된 정보는 어떤 것을 알고 있어야 할까?

1. 참여자들의 요구는 무엇인가?

필자가 대학원을 다닐 때 함께 공부하는 재학생들은 대부분 현장에서 강의를 주업으로 삼고 있는 사람들이었다. 어느 날 동료들과 함께 학생회에서 유치한 '강의를 풍요롭게 하는 동영상 편집 기술'이라는 제목의 특강에 참여하게 되었다. 평소 강의에 사용하는 동영상을 어디서 다운받을 수 있는지, 그리고 어떤 프로그램을 이용해 편집하고 적절하게 재구성할 수 있는지 그 방법에 대해 부족한 지식을 실감하고 있었다. 참여자 모두 유사한 공통의 고민거리를 가지고 있는 상태였지만 누구 하나 시원하게 그 고민을 해결해 줄 사람이 주위에 없었던 때에, 학생회의 특강은 큰 기대를 가지기에 충분한 주제였다.

그런데 막상 강의에서는 제시된 주제와 많은 사람이 원했던 필요와는 다르게 파워포인트 디자인과 컬러의 활용에 대해 전체 내용의 대부분을 할애하고 있었다. 특강이 끝난 후 함께 참석했던 동료들의 반응은 실망을 넘어 속았다는 반응이 대다수였고, 심지어 환불 요구를 하자는 격한 주장도 있었다.

참여자들이 우리 강의를 통해 무엇을 얻고자 하는가를 깊이 생각해 보자.

---

12) 자로와 염유는 모두 공자의 제자들이다. 공자는 이 두 사람의 특성에 따라 행동도 다르게 할 것을 가르치고 있다. (논어 선진편)

그들은 어떤 문제를 해결하고자 하는지 어떤 욕구를 가지고 있고 무엇을 고민하고 있는지 확실하게 파악해야 할 뿐 아니라 그 집단이 가지고 있는 공통의 문제의식이 무엇인지 다양한 자료를 수집해야 한다. 그래서 우리가 제공하는 강의가 학습자의 욕구와 고민과 문제의식에 대한 해결 의지를 촉진하고 그 방법을 제시해야 하는 것이다.

스피치를 잘하고 싶은 학습자들에게 커뮤니케이션과 관련된 이론을 장황하게 나열하거나 자신이 바른 리더인가 고민하고 있는 학습자들에게 팔로워십(Followership)을 강조하고, 책을 출간하고 싶은 사람들에게 출판사 선정 방법이나 계약하는 요령 등은 알려주지 않고 교정과 탈고의 중요성만 잔뜩 늘어놓으면 등짝이 가려운 데 정작 강사는 발바닥을 열심히 긁어주는 꼴이다.

혜이불비(惠而不費-논어)는 은혜를 베풀되 낭비 없이 하라는 의미이니 꼭 필요한 것을 주어야 쓸모가 있다는 뜻이다. 주는 사람의 생각보다 받는 사람이 처한 입장과 필요를 살펴 적절한 것을 주어야 한다는 것이고, 이는 우리가 업(業)으로 하고 있는 강의도 다르지 않다.

요구 분석을 통해 학습자들의 욕구를 먼저 살피고 그들에게 쓸모있는 변화와 성장이 이루어질 수 있는 내용을 제공해야 한다. 학습자들이 진정 원하는 것이 무엇인지 가장 먼저 파악하자. 그래야 효자손이 될 수 있다.

2. 어떻게 참여하고 있는가?

퇴직 예정자들을 대상으로 하는 생애 설계 강의를 가면 참여자들의 심리적 갈등은 튀겨지는 팝콘처럼 즐거움과 우울함이 반복하며 불안정할 수밖에 없다. 그도 그럴 것이 보통 25년 이상을 조직에서 생활하다 그곳을 떠나려니 얼마나 많은 느낌과 생각들이 교차할 것인가? 당장 수입은 없어지는데 아이는 아직 학업이 끝나지 않아 돈 들어갈 일이 많고, 수입의 근본이고 자신을 규정해 주던 '일'이 없어지는 상실감으로 우울한 상태다. 거기다 회사에서 가라는 교육을, 그것도 퇴직을 주제로 하는 원치도 않는 교육에 억지로 왔으니 참여하는 마음의 상태도 좋을 리 없어 강의에 대한 전체적인 몰입도가 떨어지는 건 어찌 보면 당연한 일이다.(비자발적 퇴직자들일 경우는 더욱 그렇다.) 가보라 하니 오긴 왔지만 강의 중에 이것저것 해보고 써보라는 주문도 많아 가뜩이나 회사에 대한 서운한 감정도 있는데 이걸 꼭 들어야 하나 하는 갈등의 상태인 것이다.

필자의 경험으로 미루어 보면 이럴 경우 참여자들이 해야 하는 활동이 많으면 대부분 실패한다. 이런 그룹은 심리적 지지와 자신감을 높이는 내용을 위주로 재미있게 끌어가야 한다. 심오한 이론이나 지시적 정보는 가능하면 줄이고 자신의 경험과 이야기 위주로 진행하는 것이 좋다. 반면 참여자들 대부분이 같은 목적을 가지고 자발적으로 참여한 프로그램은 그들의 욕구에 적절한 이론적 지식이나 정보를 충분히 제공해 유용성을 높여주어야 한다.

예를 들어, 필자가 진행한 커리어코치 양성 과정의 참가자들은 강의가 끝나도 질문이 이어지고 과정 종료 후에도 메일을 통해 상당한 양의 사후 접근이 이루어지는 자발적 배움의 욕구가 충만한 전형적인 학습자 집단이었다. 이런 집단을 대상으로 하는 강사가 전문적 지식도 없고 전달하는 내용도 그저 가벼운 재미로 채워져 부실하면 강의 평가는 불 보듯 뻔한 일이다.

밥 파이크(Bob pike)는 창의적 교수법에서 프로그램에 참여하는 학습자의 유형을 자발적 학습자(learner), 포로(prisoner), 교제(socializer), 휴가(vacationer)로 나누고 있다.

자발적 학습자(learner)는 온전히 자신의 욕구에 의해 참여하거나 조직의 요구에 의해 참여했더라도 주제에 관심을 가지고 교육에 참여하는 유형이다. 자신의 경비를 들여 참가 신청을 하거나 동일한 목적과 주제에 대한 관심을 가지고 참여하는 집단의 경우는 학습 지향성이 매우 강하다. 이런 집단의 경우는 학습자들의 욕구에 적확(的確)[13]한 내용을 제시해 주어야 한다. 그렇기 때문에 그들의 필요를 조금이라도 벗어나면 바로 불만을 토로한다. 쉬는 시간이 너무 길어도 조심스럽고 일찍 끝내는 것도 주의해야 한다.

반면 포로(prisoner)는 주로 조직의 요구에 의해 어쩔 수 없이 억지로 교육에 참여하는 유형으로 간혹 진행자에게 비판적 시각을 가지고 있는 경우가 있으며 내용과 무관한 엉뚱한 질문이나 모둠 활동에 의도적 외면으로 일관하여 조화를 흐트러뜨리기도 한다. 이런 참가자를 방관하면 자칫 다른 학습자들의 불만이 높아지거나 강의 진행 전체의 틀이 흔들릴 수 있다.

포로 유형의 참가자에게는 특별한 역할을 주어보자. 가령 '시계' 역할을 부여해 50분이 되면 쉬는 시간임을 강사에게 알려 참가자들이 쉴 수 있게 하는 역할을 주거나 발표 순서를 정하는 권한을 주어서 본인도 중요한 역할을 하고 있다는 생각을 심어주어 프로그램의 전체적인 흐름이 흔들리지 않도록 신경 써야 한다.

교제(socializer)나 휴가(vacationer)는 이왕 사무실을 떠나 왔으니 온 김에 새로운 사람을 만나거나 설렁설렁 즐기며 쉬다 가자는 생각으로 참여하는 유형을 말한다. 두 유형의 참가자들은 대부분 참가자들과의 교제가 있는 집단 활동이나 정보 교환 활동에 탁월한 참여도를 보이는 경향이 있다.

학습자 유형이 대다수일 경우는 지식 전달과 실습 위주의 구성이 적절한 반면 다른 집단은 지식 전달의 분량을 꼭 필요한 정도로만 한정하고 적당한 활동을 통해 재미와 역동성을 높이고 결정권을 스스로 행사할 수 있는 내용들로 융합하여 구성하는 것이 효과적이다.

---

13) 정확보다도 더 강한 것이다. 한 치의 어긋남도 없이 꼭 들어맞는다는 의미이다.

3. 유사 교육 경험

필자가 대학에 근무하던 때 고등학교 학생들을 학교로 초청해 비전 수립과 진로 설정에 관련된 내용으로 '리더십 캠프'를 열었던 경험이 있다. 비전 수립은 생애 목표 설정과 실행에 관련된 내용으로, 진로 설정은 진학과 생애 경로(Career Path)와 관련된 내용으로 구성하고 5일간 진행했던 프로그램이었다.

강사의 입장에서 다양한 내용으로 프로그램을 구성했다고 자신했지만 강의 종료 후 프로그램 평가를 위한 설문 결과를 살펴보니 참가자들이 이미 학교에서 경험했던 내용이 대부분이어서 지루했다는 평이 많아 적잖이 당황했었다.

프로그램을 기획하면서 해당 학교의 선생님들에게 프로그램 내용과 관련된 학습을 학생들이 경험한 적이 있는지 알아보는 절차가 필요했음에도 강의하는 사람의 입장에서만 프로그램을 편성해서 생긴 실패 사례였다. 가르치려고만 했던 것이다.

가장 이상적인 것은 참가자들에 대한 사전 정보 수집을 통해 참가자들이 내가 제공하려는 프로그램 내용과 유사한 교육을 받은 경험이 있는지 조사해 보고 그 정도에 따라 프로그램에 참가하는 전체 강사들과 사전 미팅으로 내용을 확인하고 조절하는 절차를 갖는 것이다. 설령 그것이 어렵더라도 강의 초반에 간단한 질문이나 진단 도구를 통해(다양한 학습자 진단 도구를 활용해 볼 것을 권한다.) 유사한 내용의 교육에 노출된 경험이 있는지 알아보는 것이 좋다. 그래야 진행하면서 강의 내용의 깊이와 제공되는 정보의 수준이나 정도를 조절할 수 있다.

4. 숙달된 집단인가?

50플러스센터에서 하는 커리어 프로그램에 참여한 적이 있었는데 강사가 진행 중간중간 동양 고전을 인용해 이야기를 풀어가고 있어 내심 기뻤다. 4일 과정의 중간쯤 되었을 때 강사는 논어의 한 구절을 인용한 슬라이드를 띄워 놓고는 오늘 참여자 중에 동양 고전에 대해 넓은 지식을 가지고 계신 분이 있다고 해서 이 내용을 넣을까 뺄까 망설였다고 말하는 것이다. 프로그램 일정이 모두 종료되는 날 간단한 강평 자리에서 함께 참여했던 동료가 강사에게 나에 대한 귀띔을 넣은 것을 알고 머쓱해 했던 기억이 있다. 유사 교육 경험도 중요하지만 관련 테마와 관련해 어느 정도의 지식이 축적된 집단인가 알고 접근해야 한다.

성우들에게 보이스 트레이닝을 말하거나 프레젠테이션 전문가들에게 파워포인트 구성 기법을 이야기할 수는 없는 일 아닌가? 프로그램 개설 단계에서 사전에 충분히 협의하고 조사해야 한다. 그래야 번데기 앞에서 주름잡는 어리석음을 피할 수 있다.

당랑거철(螳螂拒轍-사마귀가 수레를 막음)[14]이라는 말이 있다. 자신의 주제도 정확히 모르면서 객기로 거대한 수레바퀴를 막아서는 사마귀의 어리석음을 범해서는 안 될 일이다. 특히 전문적인 분야를 인용하거나 관련 정보를 제공할 때는 참가자의 연령대도 고려해 접근해야 한다. 예를 들면 고등학생을 대상으로 하는 강의에서 동양 고전의 어려운 문구를 인용하는 것은 닭 잡는 데 소 잡는 칼을 쓰는 격이요, 중장년을 대상으로 하는 강의에서 걸 그룹의 노출 심한 동영상으로 쉬는 시간을 구성하는 것은 유건도포(조선 시대 유생들의 의복) 입은 선비에게 비키니 들이대는 격이다.

5. 영향력 있는 집단인가?

혁신이나 변화에 대한 테마로 기업 교육을 할 경우 참가자가 평직원이냐 아니면 중간 관리자인가 아니면 의사 결정권을 가진 집단인가도 미리 조사해 보길 권한다. 영향력이 있는 집단인가 아닌가에 따라 내용과 접근 방법이 달

---

14) 당랑(螳螂)은 사마귀, 거철(拒轍)은 수레바퀴를 막아서다는 뜻이다. 자기의 힘은 헤아리지 않고 강자에게 함부로 덤비는 상황을 말한다. 장자(莊子)에 나온다.

라져야 하기 때문이다.

리더십에 관련된 이야기일 경우 평직원들의 반응은 대부분 '저 얘기 우리 사장님이 들어야 하는 거 아냐?' 하는 뜨악한 반응일 것이고, 근무 자세나 팔로워십에 대한 내용을 가지고 관리자들에게 이야기하면 '저 얘기 우리 부서 직원들이 들어야 하는 거 아닌가?' 하는 반응을 보일 수 있다.

접근하는 방법과 내용도 정보 전달 위주로 갈 것인가 아니면 해법을 찾는 활동 위주로 구성할 것인가도 참가자의 영향력 보유 유무에 따라 균형을 갖추고 조절되어야 한다.

6. 참가자들은 친숙한가?

공공(상공회의소나 전경련 같은)에서 취약 계층을 대상으로 진행하는 강의를 가게 되면 교육을 운영하는 담당자(PM-Program Manager)로부터 처음 만나는 사람들이니 라포(rapport-친밀감) 형성에 신경 써 주시고 강의 후에도 자주 모여 정보를 교환할 수 있도록 친숙해지게 도와달라는 부탁을 받는다.

처음 만나는 사람들인가, 아니면 잘 아는 사람들인가는 강의 초반에 투자할 시간과 도구를 결정하는 중요한 정보가 된다. 처음 만나는 집단이라면 강의 초반 오프닝에 좀 더 시간을 배정해서 학습자들 간에 충분히 라포(rapport)가 형성될 수 있게 해야 한다.

반대로 이미 잘 알고 있는 사람들로 구성된 집단이라면 모둠 편성에 신경써야 한다. 같은 친숙도의 사람들끼리, 또는 같은 부서에 근무하는 사람들끼리 그룹이 형성되면 자칫 산만해질 수 있어 집중을 방해하는 요인으로 작용할 수 있다. 따라서 당일 과정이면 사전에 자리를 지정하는 것이 좋고 며칠간 반복되는 과정이라면 참가자들과 협의를 통해 매일 자리를 바꾸어 진행하길 권한다.

또 이럴 경우에는 강의 초반 학습자들 간의 관계 형성을 위한 시간 배분을 줄이고 강의 본론에 좀 더 충분한 시간을 활용하는 것이 좋다.

7. 집단의 특성

성별, 나이, 학습적 특성, 직무 특성, 지방 특성 등도 중요한 참가자 정보이다. 참가자들이 주로 생산직 근무자들이라면 기록하거나 발표하는 개별 활동이나 토론하는 집단 활동에 불편함을 느낄 수 있다. 반면 사무직 참가자들의 경우 지나친 설명 위주의 진행은 자칫 지루해할 수 있다.

지방 대학에 강의를 가서 학생들에게 지방 대학 통폐합 이야기를 조심성 없이 거론한다든지 특정 집단에 대한 강사 개인적 관점을 부각하거나 특정 종교에 대한 이야기로 분위기를 스스로 망치는 어리석음을 범하지 말자.

저소득층을 대상으로 하는 생애 설계 강의에서 그들의 노후 경제 상황에 대한 충분한 고려 없이 접근하면 자칫 상처를 줄 수 있고, 장년층을 대상으로 하는 강의에서 오프닝으로 가벼운 게임을 하면서 치매와 관련된 내용을 강하게 언급하면 마음을 다치게 하기 쉽다. 20대와 60대가 다르고 남성과 여성이 다르며 군인과 공무원이 다르다. 연령대, 성별, 하는 일에 따라 다른 접근 방법을 생각해야 한다.

8. 유료인가 무료인가?

학습자들이 참가비를 지불하고 참여하고 있는가, 아니면 무료로 참여하고 있는가? 지불했어도 자신이 지불했는가, 아니면 회사의 지원을 받아 왔는가는 과정 집중도와 수료 정도에 영향을 미칠 수 있다.

제시된 그림은 학습 지향 정도와 자발성을 가지고 참여자들을 구분하여 접근 전략을 정리해 본 것이다.

먼저 자발적으로 참여하고 있는 높은 학습 지향성을 가진 집단은 전형적인 학습자 집단(Learner)이다. 좋을까? 그렇지 않을 수 있다. 조심해야 한다는 말이다. 이들은 욕구도 분명하고 이유도 확실하다. 하여 강사가 제공하는 내용이나 정보가 그들의 욕구와 필요를 벗어나면 가장 적극적으로 불만을 제기하는 집단이다. 물론 참여자들의 욕구와 강사가 제공하는 정보가 잘 맞으면 더할 나위 없이 좋은 관계와 환경이 유지될 수 있다. 하여 앞에서 정확(正確)보다 훨씬 더 강한 '적확(的確)'이란 표현을 선택한 이유가 여기에 있다.

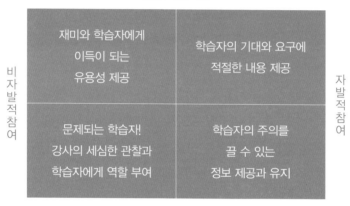

[학습 지향성과 참여의 형태에 따른 접근 방법]

자발적으로 참여했지만 학습 지향성은 그리 높지 않은 경우는 참여자들의 주의를 확 끌어당겨 눈이 번쩍 뜨이는 정보를 제공하는 것이 좋다.

비자발적으로 참여하고 있지만 학습 지향성이 높은 참여자들에게는 자신들에게 뭔가 이득이 되고 유용한 정보가 제공되면 우호적 학습자로 전환되어 집중도가 높아질 것이다.

마지막으로 비자발적으로 참여하고 있으면서 학습 지향성도 낮은 전형적인 포로(Prisoner) 집단은 뭔가 할 수 있는 역할을 부여해서 본인이 프로그램에 중요한 사람임을 느끼게 하는 등 진행하는 과정 내내 세심한 관찰과 관심이 필요하다.

이 외에도 연령, 성별, 구직의 시급성 등 참여자들의 다양한 특성을 충분히 고려하여 강의 내용과 진행 도구들이 준비되어야 한다.

목적이 무엇인가(Purpose)

참여자에 대한 충실한 정보, 특히 학습자들이 고민하고 있는 문제의 내용과 욕구를 정확히 파악하고 있다면 이를 강의의 목적으로 연결해 볼 수 있다. 그래서 강의 기획 단계에서 이 프로그램을 통해 학습자들에게 어떤 이익과 효과를 제공할 것인가를 생각하고 그것에 따라 내용과 접근 방법을 달리 설계해야 한다.

예를 들어 강의를 통해 참가자들의 태도 변화를 촉진하는 것이 목적이라면 학습자들의 참여를 통해 스스로 인식하게 하는 퍼실리테이션 위주의 방식으로 프로그램을 설계하고, 강의의 최종 목적이 참가자들의 능력을 배양하거나 기술을 향상시키는 것이라면 실습 위주로 구성하는 것이 좋다. 또 특정 테마에 대한 지식을 갖추게 하거나 관련된 정보를 제공하는 것이 목적이라면 관련 이론의 설명과 정보 제시를 위주로 강의를 설계해야 한다. 즉 지식, 기술, 태도 중 어느 것을 더 강조해야 할 것인가는 목적과 대상에 따라 달라져야 한다.

《엘리베이터 스피치》의 저자 샘 혼은 좋은 콘텐츠에 대해

① 무엇을 전달할 것이며 궁극적 목적은 무엇인가?

② 내 강의는 어떤 문제를 해결해주는가?

③ 참가해서 들어볼 만한 가치는 어디에 있는가?

위 세 가지 질문에 답해 보라고 제안하고 있다.

당신이 원하는 것을 제대로 전달하지 못하고 학습자들이 고개를 갸웃거리

거나 계속해서 시계를 보게 만든다면 학습자들에게 시간을 낭비하고 있다는 생각을 유발하게 하는 것이다.

학습자들에게 "무엇을 전달할 것인가?"를 생각해 보고 내가 말하는 내용은 어떤 문제를 해결해주고 어떤 효과가 있는가에 대해서 스스로 생각을 확고하게 구조화해야 한다.

목적을 달성하려면 목적이 무엇인지 확실하게 알아야 하고 그 '무엇'은 학습자들의 욕구로부터 나온다.

> 저희 ○○인재개발원은 학점은행제와 고용노동부 훈련을 진행하고 있는 '○○학교'를 운영하고 있습니다. 금번 강의를 통해 학점은행제와 노동부 훈련을 담당하는 교직원들이 학생들의 진로 설계와 학습 설계를 **코칭할 수 있는 능력을 키우고자** 강의를 요청드립니다.
> 참여 인원은 약 50명 이내로 진행될 예정이며 교수직과 교무 행정직으로 구성되어 있습니다.

위 내용은 필자가 출강 준비 과정에서 해당 기관으로부터 받은 메일의 내용이다. 학습자들의 필요와 욕구가 나타나 있다. 결국 강사는 출강해서 진로와 학습에 관한 코칭 능력에 변화와 성장이 이루어질 수 있도록 강의 내용을 준비해야 한다.

설계 과정에서 아래와 같이 질문해 볼 것을 권한다.

> ▷ 이 강의를 통해 학습자들에게 어떤 변화와 성장이 있어야 하는가?.
> ▷ 이 강의를 통해 학습자들에게 어떤 유용성을 제공할 것인가?
> ▷ 이 시간이 끝나면 학습자는 '○○○'게 된다.

위 질문에 대한 답, 그것이 프로그램의 목적이다.

목적과 목표

많은 강사가 목적과 목표를 혼용하고 있는데 이는 매우 다르다.

목적이 도달하고 싶은 방향이라면 목표는 그 목적에 도달하기 위한 수단이며 도구이다. 목적이 왜(Why)라는 물음에 대한 답이라면 목표는 무엇을(What)에 대한 답이다. 목적이 'Being'이라면 목표는 'Doing'이다. 목적이 전체 프로그램이 추구하고 도달하고자 하는 방향이라면 목표는 각각의 단락과 모듈이 가지는 실행 이유이다.

강의 계획서나 제안서 등을 작성할 때 구분해서 사용할 것을 권한다.

목적 (교육목표)	• 프로그램을 운영하는 이유 • 목표가 모두 이루어진 상태	• 참여자 집단의 현재와 원하는 상태의 차이를 해결 • 문제가 해결된 상태를 기술
목표 (학습목표)	프로그램을 구성하는 개별 단락과 모듈의 목표	• 학습자가 수행 가능하게 되는 행동 • 행동이 일어나는 조건 • 달성 수준을 판정할 수 있는 준거 • 구체적 행위 동사로 기술

[《교수 설계와 교수 체계 개발의 최근 경향과 논쟁》 정재삼, 1996, 교육공학연구 Vol 12]

어디에서 만나는가(place)

서울시 교육청에서 진행하는 진로 담당 교사 연수에 강의를 갔다. 도봉구에 있는 한 중학교에서 진행하는 프로그램이었는데 장소가 학교이고 더군다나 시청각실이라 하니 별걱정 없이 가벼운 마음으로 갔다. 그런데 막상 강의장에 가보니 음향 관련 시스템이 시원치 않은 것이다. 진행하시는 분을 청해 자초지종을 물으니 컴퓨터 교체 작업 중이어서 음양 재생이 잘 안 될 거라는 진땀 나는 답변이 돌아왔다. 이런 난감할 데가….

대상이 교사들이니 강의를 구성하면서 지루하지 않게 현장에서 활용할 수 있는 영상을 몇 개 준비했는데 음향 지원이 어려워지니 순간 머릿속이 하얘지고 있었다. 별 방법이 떠오르지 않았다. 노트북에서 나오는 소리에 마이크 볼륨을 최대로 하고 갖다 댔으나 이마저도 시원치 않아 동영상의 내용을 장황하게 말로 설명할 수밖에 없는 지경이 되었다. 그럭저럭 무난히 마쳤지만 그 난감하고 땀나는 경험은 오래도록 기억에 남았다.

장소에 대한 사전 점검은 지나치다 할 정도가 적당하다. 가장 좋은 방법은 사전에 가보는 것이다. 직접 방문해보는 것이 거리나 시간적으로 어려우면 강의 운영자를 통해 강의장 사진을 받아보면 좋다. 그리고 장소와 관련된 모든 정보를 사진이 제공해 주진 않으니 전화를 통해 간단한 확인을 함께하길 권한다.

시스템의 버전(Version), 프로젝터와 노트북 연동, 음향 지원, 스크린을 내리면 보드를 가리는지, 시계의 위치(시계는 가능하면 강의장 뒤쪽에 있는 것이 좋다.), 마이크는 유선인지 무선인지, 책상과 의자는 고정식인지 아니면 이동이 가능한지 등등을 체크해 보자.

경력이 쌓이면 이런 내용이 익숙해져서 몸이 기억할 정도가 되지만 그렇지 않다면 준비를 위한 리스트를 만들어서 기록해 보는 것도 좋은 방법이다.(부록 참고)

이런저런 다양한 돌발 상황이 불편한 필자는 가능하면 케이블부터 스피커까지 심지어 보드마커와 지우개까지 모두 가지고 다니는 버릇을 들였지만, 장소에 대한 충분한 정보를 취득할 수 있다면 3시간 강의 가면서 여행 갈 때 쓰는 캐리어를 끌고 가는 어리석은 수고를 방지할 수 있다. 짐을 줄이는 것도 강사의 컨디션을 유지하는 노하우임을 잊지 말자.

그리고 마지막 팁 하나. 적어도 한 시간 전에 도착하자. 그래야 현장에서 불가항력적으로 발생하는 문제에 대하여 대응책을 찾고 조치할 수 있다. 장소를 차분하게 점검해 보고 진행에 별문제가 없다면 여유 있게 강의 내용을 한 번 더 정리해볼 기회도 되니 충분한 시간을 가지고 강의장에 도착해야 한다.

서울교육청 강의를 마치고 필자는 강의 반성에 이렇게 기록했다.

거리도 가까운데 미리 가보라니깐… 게으름 피우더니 쌤통이다.

> 범사예즉립(凡事豫則立) 불예즉폐(不豫則廢)
> 언전정즉불겁(言前定則不跲) 사전정즉불곤(事前定則不困)
> 행전정즉불구(行前定則不疚) 도전정즉불궁(道前定則不窮)
>
> 무릇 모든 일은 준비되면 이루어지고
> 미리 준비되지 않으면 못쓰게 되어 어그러진다.
> 말도 미리 할 말을 생각하고 정해두면
> 착오가 생겨 넘어지지 않게 되고
> 할 일도 미리 정해져 있으면 곤란치 않게 되고
> 행동할 것도 미리 정하면 탈이 없게 되고
> 방법이나 갈 길도 미리 정해두면 궁하지 않게 된다.

중용(中庸)에 나오는 문장으로 준비의 중요성을 강조하고 있다. 일도 말도 갈 길도 미리 준비해 놓으면 곤경에 처하지 않는다는 가르침이다.

필자는 강의도 지적 자산과 기술로 만들어진 상품이라고 제안하고 있다. 좋은 상품은 충성 고객을 만들고 다시 찾게 되며 남에게 권한다. 하지만 그 좋은 상품은 고단하고 세심한 준비가 필요한 것이다.

Chapter 04

진행하기

(오프닝, 강의 본론, 클로징)

3P 분석을 통해 대상과 장소, 그리고 목적에 대한 정보를 충분히 모았다면 이제는 어떻게 진행하면 학습자들의 집중을 끝까지 유지할 수 있을 것인가를 생각해야 한다.

강의는 우선 재미있어야 한다. 하지만 그 정도가 지나쳐 원래의 의도를 벗어나면 알맹이 부실한 열매가 되어버린다. 하여 재미와 의미가 잘 균형을 이뤄 '학습자들의 성장'이라는 목적이 어긋나지 않도록 해야 한다.

문질빈빈(文質彬彬)은 문(文)과 질(質)이 잘 어울려야 빛난다는 뜻으로 논어에 나온다. 문(文)은 무늬, 색채 등을 말한다. 이는 드러나 눈에 보인다. 반면 질(質)은 본질이다. 꾸미지 않은 본연 그대로의 바탕을 말한다. 이는 잘 드러나 보이지 않는다. 사람으로 치면 문(文)은 겉으로 드러난 옷차림이나 치장이요, 질(質)은 사람 본래의 됨됨이, 즉 품성일 것이니 잘 드러나지 않을 수 있다.

강의에서 문(文)은 재미요, 질(質)은 학습자들에게 꼭 필요한 핵심 내용이다. 문(文)이 지나치면 개그 프로그램처럼 재미만 있고, 질(質)이 지나치면 교장 선생님 훈화처럼 지루해서 시계만 보게 된다. 재미와 의미가 잘 어우러져야 강의가 힘 있고 빛난다.(彬-빛날 빈)

문질빈빈(文質彬彬)!

진행하면서 우리가 꼭 새겨 두어야 할 문장이다.

교육 형태의 전환이 필요하다

학창 시절 수업 시간에 했던 활동 중 기억나는 것을 떠올려 보자. 필자는 학급 인원이 워낙 많았다.(한 반이 92명이었던 기억) 그 와중에 양파 껍질을 얇게 벗겨 시약을 떨구고 현미경으로 보면서 그림을 그렸던 활동을 했는데 서로 하겠다고 밀치는 즐거운 다툼도 있었고, 곱고 미세한 쇳가루를 흰색 종이 위에 뿌리고 종이 아래서 자석을 빠르게 움직여 가루들의 움직임을 관찰해본 것, 또 돋보기를 이용해 햇볕을 모아 검은색 종이를 태워 자기 이름을 썼던 일들이 기억난다. 그런데 이런 수업을 지금도 기억하는 이유는 뭘까? 그건 아마도 내가 '해본 것'이어서일 것이다.

교장 선생님 훈화는 기억 못 하지만 애국 조회 시간에 나란히 서 있다가 쓰러진 옆 친구 이름은 수십 년이 지난 지금도 기억하고 있는 것은 그 녀석을 내가 등에 업고 양호실로 뛰어가서 그렇다. 이처럼 경험은 기억을 남긴다.

"해본 것을 기억한다."는 경험 기반의 교육 패러다임은 강의 현장을 바꾸고 있다. 그동안 많은 강사가 일방적으로 가르치는 역할을 수행해 왔다면 이제는 학습자들의 참여를 통해 스스로 느끼게 하고 이해하게 하는 새로운 교육 방식, 즉 체험과 참여 중심의 교육 방식으로 전환할 것을 강조하고 있는 것이다.

> 기술 혁신의 급격한 전개에 따른 근본적인 교육 체계의 개편이 필요하다. 단순 지식의 암기나 답습보다는 창의성, 문제 해결력, 상호 작용을 통해 협업 능력을 길러주는 **체험과 참여 중심의 교과 과정 및 교육 방식을 전면적으로 도입**해야 할 것이다.

《기술 변화에 따른 일자리 영향 연구》 박가열, 천영민, 홍성민, 손양수, 한국고용정보원, 2016

이러한 교육 형태의 변화 요구에 따라 최근 확산되고 있는 개념이 퍼실리테이션이다. 이는 학습자의 참여를 촉진해서 스스로 문제를 인식하고 해결해 가도록 지원하는 활동을 의미한다. 실제로 현장은 이제 학교에서 강의 듣고 집에 와서 과제를 수행하는 전통적인 학습 방법에서 벗어나 역순학습(Flipped Learning), 즉 강의는 영상으로 미리 보고 와서 강의실에서는 토론과 논의가 이루어지는 형태의 강의가 확산하고 있다.

실제로 카이스트는 강의를 없앴다. 학생들은 강의 내용을 영상을 통해 미리 수강하고 강의실에 와서는 관련 내용을 토론하고 발표, 질의응답하는 형태로 이루어진다. 이런 전환은 평균 성적이 10점 이상 향상되고 학생들 간의 점수 차도 감소하는 효과로 나타났다. 이제는 강사가 할 일과 학습자가 할 일을 구분해서 교수 계획을 수립해야 하는 교육 형태의 대전환이 필요한 시기이다.

가르치지 말고 경험하게 하자.

강사는 가르치는 사람이며 지식의 전수자라는 권위를 내려놓고 학습을 안내하고 함께 배우는 또 다른 학습자라는 인식이 필요하다. 학습자들은 그들만의 자원을 가지고 있다. 학습자들을 무언가를 채워주어야 하는 대상이 아니라 이미 많은 자원을 가지고 있고 그 자원을 끌어내야 하는 존재로 봐야 한다. 그리고 그 자원은 학습자들이 가진 경험이다. 경험은 무언가를 배울 때 지식의 구성을 만들어주는 중요한 역할을 한다. 따라서 우리는 강의 진행 과정에서 학습자들이 가지고 있는 경험이 잘 발산되도록 촉진하고 도와주어야 한다.

교학상장(敎學相長)! 예기(禮記)에 나온다. 가르치는 것과 배우는 일이 서로의 학습을 성장(成長)하게 하고 진보(進步)시킨다는 의미이다. 가르치려 하지 말고 함께 배우자. 이것이 강의 진행하기의 기본 명제다.

퍼실리테이션의 의미와 철학

앞서 말한 것처럼 학습에서의 경험은 기억을 남긴다. 하여 강의를 진행할 때는 정보의 일방적 전달자가 아니라 참여와 상호 작용을 통해 학습자들의 이해를 돕는 촉진자의 역할을 수행하길 권한다.

즉 퍼실리테이터가 되어야 하는 것이다.

퍼실리테이션
그룹의 구성원들이 효과적인 기법과 절차에 따라 적극적으로 참여하고 상호 작용을 촉진하여 프로그램의 목적을 달성하도록 지원하고 돕는 활동

퍼실리테이터
집단 구성원들이 상호 작용하는 모습을 관찰하고 대화를 경청하며 서로 협력하고 자발적이고 능동적으로 해결책을 찾아갈 수 있도록 격려하고 촉진하는 사람

[퍼실리테이터 협회]

자전거를 잘 타시는가?

잘 탄다면 자전거를 탈 줄 모르는 사람에게 자전거 타는 방법을 설명한다면 어떻게 설명하겠는가?

유년 시절, 아버지가 자전거를 가르쳐주시며 알려주신 요령은 "넘어지는 쪽으로 핸들을 틀어." 하는 애매한 설명 하나였다. 이해가 가지도 않았고 어떻게 하라는 얘긴지 감도 오지 않았다. 몇 번의 실패를 호소하자 어느 날 하

루는 자전거를 끌고 동네 공터로 나를 데리고 나가시더니 "올라가.", "밟아! 내가 잡고 있을게." 하시며 무작정 자전거 안장에 오르게 하시고는 페달을 밟게 하셨다. 아버지가 뒤에서 잡고 계신다는 믿음으로 뒤뚱거리고 넘어지길 몇 번…. 놀랍게도 자전거를 타고 있는 자신을 발견하게 된다.

필자가 자전거를 타게 된 것은 단 세 마디였다.

"나와!", "올라가!", "밟아!"

퍼실리테이션은 실행과 경험을 통해 스스로 이해하고 배우게 하는 것이다. 그리고 그 실행과 경험을 지원하고 도와주는 사람이 퍼실리테이터이다. 아버지는 훌륭한 퍼실리테이터였던 것이다. "내가 잡고 있을게." 하고 놓아 버리신 거짓말을 빼면 말이다.

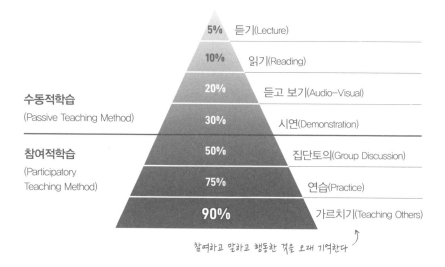

[학습 피라미드]

경험하게 하는 것은 학습의 효과도 높인다.

미국의 행동 과학 연구 기관 NTL[15]에서 제시한 학습 피라미드를 보면 서로 가르쳐보게 하는 경험이 90%의 평균 기억률을 보이는 반면 일방적으로 수업을 듣기만 하는 것은 5%의 평균 기억률을 보이는 것으로 나타나고 있다. 결국 참여하고 말하고 행동한 것을 오래 기억한다는 것이다.

일을 쉽게하다

Facile(불어)

Facilis(라틴어)

Facilitation
쉽게 만들어주다. 용이하게 하다.
촉진하다

집단의 **목적달성**을 위해
다양한 도구와 기법을 활용한 **절차를 설계**하고
중립적인 태도로 학습자들이 설계된 절차를 통해
목적에 접근할 수 있도록 **지원하고 촉진**하는 활동

facilitation은 프랑스어인 facile(일을 쉽게 하다)에서 왔다. 따라서 퍼실리테이션은 '쉽게 만든다'는 의미를 가진다. 퍼실리테이션은 회의뿐 아니라 조직 활성화, 비전 수립 등 다양한 영역에서 활용되고 있으며 교육 영역의 퍼실리테이션은 티칭 퍼실리테이션이 아니라 러닝 퍼실리테이션이라고 한다. 가르치는 일을 쉽게 하는 것이 아니라 학습하는 일을 쉽게 하는 것이다. 따라서 강의 현장에서 활용되고 있는 러닝 퍼실리테이션(learning facilitation)은 학습을 쉽게 만들어(To make Learning Easier) 배움을 최적화하는 것(To optimize learning)이라고 할 수 있다.

---

15) National Training Laboratories

퍼실리테이션의 철학과 학습자를 보는 관점

- 사람은 기본적으로 현명한 일을 할 수 있으며 또 그렇게 하고 싶어 한다.
- 사람들은 자신이 참여한 아이디어나 계획에 대해서는 더욱 헌신적으로 임한다.
- 사람들은 자신의 결정에 대해 책임이 부여되면 진정으로 책임감 있게 행동한다.
- 모든 사람의 의견은 지위, 계급 여하를 막론하고 똑같이 중요하다.
- 퍼실리테이션의 프로세스가 잘 설계되고 계획대로 적용된다면 바라는 결과를 얻을 수 있다.

[한국퍼실리테이터 협회]

이러한 철학을 바탕으로 우리는 강의 현장에서 학습자들을 지도의 대상이 아니라 촉진의 대상으로 인식해야 한다. 이는 모든 학습자가 학습 잠재력과 욕구가 있다고 믿는 것이며 퍼실리테이션은 이 잠재력을 끌어올리는 역할을 하는 것이어야 한다. 누구나 무언가를 알고 배우고 싶어 하는 의지가 있고, 자신을 좀 더 성장시키고자 하는 욕구가 있다. 하지만 이 욕구는 학습자가 처하는 환경에 따라 위축되기도 하고 커지기도 한다.

자신이 만나는 학습자를 '포로'라고 칭하며 그들에 대한 어려움과 불만을 토로하는 강사를 종종 보게 된다. 그들은 정말 배우고자 하는 욕구가 없는 것일까?

상황에 따라 정말 참여시키기 어려운 학습자가 있을 수 있다. 하지만 그런 학습자들에게 배우고자 하는 욕구나 동기가 없다고 단정해선 안 된다. 참여를 어려워하고 방관으로 일관하는 학습자가 있더라도 그런 현상이 나타나는 것은 그들의 동기를 퍼실리테이터가 끌어올리지 못했기 때문일 수 있다. 하여 강의의 목적이 가르치는 것이 되어서는 안 된다. 학습자들이 잘 배우도록 하는 것을 목적으로 삼기를 권한다.

　강의를 진행하면서 우리는 학습자들의 문제를 해결해주는 소방수가 아니라 문제를 명확하게 인식하고 스스로 그 문제를 해결해 갈 수 있도록 도와주는 역할을 해야 하는 것이다.

앞서 바른 강의를 만들기 위한 세 개의 기둥, 즉 준비, 진행, 평가를 제안했고, 준비하기는 3p 분석으로 정리해 보았다. 진행하기라는 두 번째 기둥에 대해서는 먼저 퍼실리테이션의 의미와 철학에 대해 정리해 보았고 이제 오프닝, 강의 본론, 클로징 이렇게 세 부분으로 나누어 정리해보겠다.

오래전 '나는 가수다'라는 프로그램은 가수들의 노래에 경연 구도를 도입해 큰 반향을 일으켰고 '불후의 명곡'이라는 프로그램은 지금까지 이어지고 있다. 두 프로그램 모두 순서를 정해 노래를 하고 판정단의 결과로 승자를 정하는 형태인데 공통적으로 처음에 지명되는 가수는 적잖이 난감해 하고 순서를 고를 때 누구나 처음을 피하기 위해 기원을 하는 모습들이다. 왜 그럴까?

처음은 어렵다. 처음은 두려운 것이다. 그러니 역설적이게도 처음은 정말 중요하다. 강의에서 첫 단추를 잘못 끼우면 진행하는 내내 안정을 잃어버리게 된다.

조치원	부산	광주	목포	김천	삼천포	포항
상주	수원	이천	원주	강릉	대전	전주
대구	옥천	철원	밀양	익산	순천	구리
남원	광양	강경	안양	제천	울산	김제
장성	이리	춘천	천안	동해	제주	

위에 제시된 도시들을 잘 살펴보시기 바란다. 잘 보았다면 이제 눈을 감고 기억해 보자. 19번째 도시는 어디인가? 27번째 도시는? 잘 기억이 나시는 가? 기억이 안 나는 게 당연하다. 자 그러면 다시 한 번 살펴보자.

이제 눈을 감고, 첫 번째 도시는 어디인가? 마지막 도시는?

조치원과 제주는 이 책 마지막 장을 덮는 순간에도 기억에 남아 있을 것이다. 처음과 끝은 그만큼 중요하다.

그렇다면 오프닝은 어떤 기능을 가지며 어떻게 구성하면 좋을까 생각해 보자.

오프닝의 구성

> **오프닝 구성의 3요소**
>
> 개관(Overview) · 기대(Expectation) · 관계(Networking)

강의 초반 학습자들은 펜스에 걸터앉아 있는 꼴이다. 탐색하는 모양새다. 오프닝은 펜스에 걸터앉아 있는 학습자들의 관심을 일으켜서 펜스 안, 즉 강의 안쪽으로 끌어들여 방관자가 아닌 학습자로 만드는 기능을 해야 한다. 따라서 오프닝의 가장 중요한 기능은 '**관심 유발**'이다.

오프닝은

- 프로그램에 대한 전체적인 이야기의 흐름을 제시하고(Overview)
- 학습자의 관심을 유발해 프로그램에 대한 기대를 충만하게 해야 하며 (Expectation)
- 학습자와의 관계를 형성해야 한다.(Networking)

오프닝을 구성할 때 고려해야 할 사항들

"궂은 날씨에도 불구하시고 오늘 제 강의에 참석해 주신 여러분께 진심으로 감사드립니다." 같은 상투적 오프닝은 이제 그만두자. 공감 없는 의례적 인사보다는 다양한 도구를 활용해 학습자들의 관심을 끌어낼 수 있는 의미 있는 오프닝을 구성해 보자.

간결해야 한다. 오프닝이 장황하면 자칫 학습자들의 집중이 흐트러질 수 있다. 특히 강사 자신에 대한 이야기가 너무 길면 학습자들은 외면한다.

질문을 활용해 문제를 제기해 보는 것도 좋다. 강의 내용 전체를 아우를 수 있는 질문을 제시해 보는 것이다. 질문은 학습자들의 사고와 참여를 촉진하는 기능을 한다.

경험했던 유명 인사와의 일화나 사회적으로 확산하고 있는 트렌드나 이슈를 활용하거나 강의 주제와 관련된 서적이나 매체의 인용구를 활용하는 것도 좋다.

꼬꼬 Talk	입장하는 학습자들과 가벼운 이야기를 통해 정보를 얻고 관계를 형성한다.
프로그램 개관	프로그램에 대한 전체적인 내용과 학습목적을 제시한다
강사 및 학습자 소개	학습자 소개를 통해 팀웍을 다지고 팀원들 간의 관계 형성을 촉진한다
아이스 브레이킹	

[오프닝의 구성]

오프닝 속 오프닝 꼬꼬 Talk!

꼬꼬Talk[16]은 강의에 입장하는 학습자들과 가벼운 주제의 이야기를 통해서 우호적인 관계를 형성하는 기법이다.

"어디서 오셨어요?"는 거주지를 짐작게 하고 "반지가 예뻐요."는 결혼 여부를 가늠케 할 수 있고 "퍼실리테이션 공부해 보신 경험이 있나요?"는 교육받은 경험을 알 수 있다.

좋아하는 색깔, 전공, 하는 일 등 가벼운 대화의 주제를 통해 학습자에 대한 정보를 얻을 수 있고 우호적 관계 형성을 통해 강의를 원활하게 하는 윤활유 역할을 한다.

조금 일찍 강의장에 도착해 준비를 모두 마치고 멍하니 시간을 보낼 것이 아니라 입장하는 참여자들과 인사를 나누고 가벼운 대화를 시도해 보길 권한다. 참여자들의 연령대나 성별을 고려해 적절한 음악을 활용하는 것도 좋다.

오프닝의 조건

강사가 무대에서 절대로 하지 말아야 할 것이 있다. 그중 하나가 자신의 신념을 청중들에게 강요하는 것이다. 어떤 경우라도 수용은 그들의 몫이다. 하지만 필자는 꼭 한 가지 강요하는 것이 있다. 그것은 오프닝에서 프로그램 전체에 대한 개관을 이야기해야 한다는 것이다. 프로그램의 전체적인 진행 일정과 내용을 제시해서 학습자들에게 어떤 이득이 있는지 알게 하고 종료 후 그들에게 어떤 변화와 성장이 일어날 수 있는가 예측하게 해야 한다. 그리해야 학습자들의 관심이 일어나고 호기심이 강해져서 참여를 높일 수 있다.

긴 과정일 경우는 시간을 충분히 써서 내용 전반에 대한 흐름과 목적을 제

---

16) 꼬리에 꼬리를 무는 Talk.. 《스몰토크》라는 책에서 아이디어를 얻어 만든 용어다.

시하는 것이 좋고, 한 시간짜리 특강이어도 "저는 오늘 여러분과 ㅇㅇㅇ에 대해 이야기해 보고자 합니다."라고 내용과 의도를 알게 해주어야 한다.

이렇게 오프닝은 학습자의 호기심을 유발하고 개요를 제공하며 학습자와의 관계 형성을 위한 도구로 설계되어야 한다.

잊지 말자 오프닝의 3요소!

> 개요 제공, 관심 유발, 관계 촉진

학습자 소개 기법

학습자들이 가장 어려워하는 것이 '자기소개'라는 말이 있다. 자기 자신을 타인들 앞에 개방하는 것은 그만큼 어려운 일이다.

학습자들은 누구나 소중한 개인이고 자기 개방에는 모두 차이가 있을 수 있음을 고려해야 한다. 따라서 과정에 참여하는 형태는 오롯이 학습자의 몫이어야 한다. 어떤 이는 매우 활발하고 적극적으로 관계 맺고 자신의 의견을 내는 것이 즐겁고 자연스러울 수 있지만 어떤 참여자는 그저 조용히 지켜보는 것이 참여하는 방법일 수 있다.

강사는 학습자의 참여를 강요하지 않고, 자기소개마저도 학습자들에게 스트레스로 작용하지 않도록(심리적으로 안전한 환경 조성) 세심하게 배려해야 한다.

학습자들의 자기소개는 시간 배분에 유의하자. 시간이 한 사람에게 편중되지 않도록 해야 전체 시간 배분이 어긋나지 않는다. "1분 자기 자랑"같이 소개하는 시간을 제시해 주고 조장 역할을 두어 시간을 너무 많이 쓰는 학습자가 있으면 이를 조절해줄 것을 부탁해 두면 좋다.

자기소개의 항목(3개 정도가 적당하다.)을 슬라이드 화면에 제시해서 소개가 장황해지지 않도록 준비할 것을 권한다. 프로그램의 내용과 연관된 항목을 제시하는 것도 좋은 방법이다.

1분 자기자랑

안녕하세요 반갑습니다.

· 이름(별명)
· 자신을 표현하는 한 줄(이유)
· 올해 이것만은 꼭…

[퍼실리테이션 기법 강의 때 학습자 소개 시간에 제시하는 슬라이드 화면]

예를 들어 진로와 관련된 프로그램이라면 '5년 뒤 자신의 모습을 설명해 보기' 같은 내용이나 퇴직자들의 생애 설계 프로그램이라면 '다시 한 번 가보고 싶은 곳' 같은 내용으로 이야기를 나누게 하는 것이다.

별칭이나 호를 활용해 보는 것도 좋고 시간의 여유가 있으면 전체 참여자를 대상으로, 그렇지 않을 경우에는 모둠별이나 짝을 지어 소개하는 것으로 시간에 따라 방법을 탄력적으로 선택해보길 권한다.

몇 가지 학습자 소개로 활용할 수 있는 도구를 정리해 본다.

네임텐트 만들기

A4 용지를 4등분으로 접어 명패를 만들고 앞면에는 자신의 이름을 쓰고 뒷면에는 강의 주제와 어울리는 내용을 적게 한다. 예를 들어 강사 양성 과정이라면 '나를 나타내는 한 줄', 새해 비전 설계를 테마로 하는 강의라면 '새해 이루고 싶은 소망' 등을 생각해 볼 수 있다. 이렇게 네임텐트를 앞에 놓고 화면에 제시된 항목에 대해 자신을 소개하는 것이다.

이때 강사는 순서를 정해주는 것이 좋은데 가벼운 게임을 통해 정해보길 권한다. 모둠별로 자기소개가 끝나면 선호도 투표(Dot Voting-작은 스티커를 이용해 투표하는 방법)를 통해 그 조에서 가장 인상 깊었던 사람을 정하고 전체 참가자들과 함께 내용을 나누는 것도 좋다.

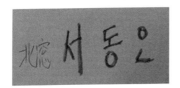 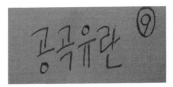

자신을 표현하는 한 줄 !!

멋진하루. 긍정의 아이콘. 외유내강. 편안함

Nice!. 인생4모작. 긍정열정. 행동하는. 함께하는.

화기애애한 분위기를 배가하는 사람

같이의 가치. 스마일. 맥가이버

활용 방법을 확장해 보자.

네임텐트 이름을 적을 때 본인의 이름을 쓰는 것이 아니라 옆자리에 앉아 있는 동료의 이름을 기록하게 하는 것도 좋은 방법이다. 그렇게 하면 이름을 물어봐야 하니 강의 초반 어색한 관계를 완화할 수 있다. 옆 사람의 이름을 쓰고 건네주면서 "반갑습니다" 하고 인사를 나누게 하면 더욱 좋을 것이다.

네임트리 만들기

책갈피 형태의 보드와 집게, 그리고 소형 포스트 잇이 필요하다.

우선 작은 점착 메모지에 이름을 써서 책갈피 형태의 보드 위쪽에 붙인다. 질문의 항목[17]을 제시하고 각 질문에 대한 답을 포스트잇에 간략히 기록해 보드 허리 쪽에 부착한다. 집게를 이용해 지지하여 앞에 세워놓고 자신의 소개를 모둠별로 이어가는 것이다. 보드는 시중에 판매하는 것을 활용해도 좋고 자신이 강의하는 콘텐츠 정보를 제공하는 것으로 만들어도 좋다.

천작재(天爵齋)

맹자(孟子)는 인간의 작위를 인작(人爵)과 천작(天爵) 으로 나누었습니다. 인작(人爵)은 사람이 내리는 작위(爵位)입니다.

하지만 이 인작은 평생가지 않고 세월이 지나면 사라집니다. 준 사람이 거둬 가는 것이지요.

천작(天爵)은 하늘이 내리는 작위(爵位)를 의미하는 것으로 인간이 살아가면서 발현해야 할 사람다운 품성이며 도리를 의미 합니다.

이는 "사람됨"을 말하는 것으로 평생 사라지지 않는 작위입니다. 천작은 어디 떨어져 있어 주워 드는 게 아니고 쉼 없는 성찰과 공부를 통해 평생을 지어가는 것으로 천작재(天爵齋)는 '노릇' 보다 '사람됨'을 공부하는 곳입니다.

'평생 남을 작위를 지어가는 곳 천작재(天爵齋)' blog.naver.com/wind0631

[필자가 제작해 활용하고 있는 네임트리용 보드]

---

17) 질문 항목은 학습자의 연령대와 특성, 강의 주제에 적절한 내용으로 제시하는 것이 좋다. 현장에서 활용해보니 4개 정도가 적당하다.

필자는 천작재와 FBL 교수법에 대한 정보를 활용해 만들어 쓰고 있다. 활동할 때 강사 자신의 것을 만들어 보여주면서 진행할 것을 권한다.

자기소개 마인드맵

마인드맵을 활용해 학습자 소개를 해보는 것이다. 용지는 A3 크기면 적당하다.

양식의 중앙에 도형을 그리고 이름을 적는다.

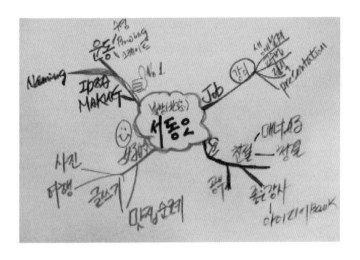

도형으로부터 가지를 만들어 각각의 가지에 제시된 질문의 항목에 대해 기록한다. 예를 들면 현재 하고 있는 일, 남보다 뛰어난 것, 좋아하는 활동, 들으면 기분 좋아지는 말 등의 질문을 제시해 준다.(생애 설계 과정에서 제시된 질문의 항목이다.) 역시 학습자의 특성이나 강의 주제와 관련된 3~4개의 질문 항목을 제시해주길 권한다.

모두 작성하였으면 모둠별로 소개하는 시간을 가진 뒤 마인드맵을 모두 강의장 벽면에 부착하고 갤러리워킹[18]과 Dot voting을 통해 1등 작품을 선정해 시상하는 것도 즐겁다.

나만의 해시태그

자신을 나타내는 문장이나 단어(3가지 정도가 적당)를 기록하고 이것을 가지고 자기소개를 해보는 것이다. 간단한 서식을 만들어 활용하는 것이 좋다.

#나만의 해시태그
(자신을 표현하는 문장이나 단어를 기록해 보세요)
#
#
#

'다름'을 '어울림'으로 [빵점학교]

다른 형태로 활용해 볼 수도 있는데 모둠 인원이 모두 앞으로 나와 나만의 해시태그를 이용해 자신을 소개하는 것이다. 단 정해진 시간 안에(5명 모둠의 경우 90초가 적당) 모두 소개를 마쳐야 하고 맨 마지막 사람은 소개를 마친 후 '끝'이라고 외쳐야 한다. 이때까지 소요된 시간을 가지고 순위를 정하는데 90초가 넘으면 무조건 탈락이다. 즉 90초 이내에 모든 팀원의 소개를 마쳐야 한다. 학습자 소개에 쓰이는 시간을 줄일 수도 있고 팀원 간의 관계 형성에도 좋다.

---

18) 밥 파이크(Bob Pike)의 창의적 교수법에 소개된 기법으로 학습자들의 결과물을 참여자들이 순회하면서 감상하고 평가하는 방법이다.

아이스브레이킹과 스팟 (Icebreaking & Spot)

강의 초반 오프닝에서 학습자들과의 어색함을 덜고 관계 형성을 위해 아이스브레이킹 도구를 활용한다. 많은 강사가 아이스브레이킹과 스팟은 매우 다른 도구임에도 별 구분 없이 이를 혼용하고 있는데 필자는 각각의 기능도 구성도 달라야 한다고 본다.

아이스브레이킹이 강의 초반 강사와 학습자 간의 어색함을 깨는 도구라면 스팟은 강의 모듈과 단락의 도입부에 강사가 전달하고자 하는 요점을 학습자들이 분명하게 이해할 수 있게 돕는 활동이나 도구를 말한다.

• 아이스브레이킹이 단순한 분위기 띄우기라면 스팟은 강의 내용으로 연결하는 브릿지(Bridge) 역할을 하는 것이다.

• 단순한 재미가 아이스브레이킹이라면 재미에서 의미를 찾아 강의 내용과 연결될 수 있는 적절한 피드백을 제시하는 것이 스팟이다.

• 아이스브레이킹은 주로 강의 도입부에 청중과의 관계 형성을 위해 사용하고, 스팟은 각 모듈의 도입부에 강의 내용에 집중도를 높이고 연결성과 유연성을 확보하기 위해 사용한다.

• 스팟은 강의 모듈과 단락의 도입부에 강사가 전달하고자 하는 핵심 내용을 학습자들이 분명하게 이해할 수 있게 돕는 활동이나 도구를 말한다.

• 아이스브레이킹은 모방할 수 있지만 스팟은 스스로 설계해야 한다.

구분	ICE Breaking	Spot
배치와 목적	강의도입부에 배치 청중과의 관계형성	각 모듈의 도입부에 배치 집중을 높이고 연결성과 유연성 확보
기능	단순한 재미 청중과 강사의 Networking	재미에서 의미를 찾아 강의내용과 연결 강의 단락간의 Networking
기획	모방가능	창조

아이스브레이킹은 '관계 촉진' 스팟은 '이해 촉진'

아이스브레이킹의 구성

• 가능하면 강의 내용과 관련 있는 내용으로 구성하는 것이 좋다.

• 학습자 모두가 즐겁게 참여할 수 있는 쉬운 내용이어야 한다. 너무 어렵거나 절차가 지나치게 장황하고 번잡스러우면 학습자들은 참여보다 방관을 선택한다.

• 시대를 역행하는 너무 오래된 내용이거나 모두 아는 것은 선택하지 말 것을 권한다.

• 학습자의 정서 상태나 참여 형태에 적절한 내용이어야 한다. 비자발적 퇴직을 앞둔 집단이나 타의에 의해 어쩔 수 없이 참가하게 된 참여자들로 구성된 집단은 세심한 배려가 필요하다.

• 강의장의 환경과 안전을 고려해야 한다. 과한 몸짓이나 부상의 위험이 있는 활동은 피하는 것이 좋다. 특히 강의장 바닥이 카펫이면 큰 몸동작은 적절하지 않다.

• 학습자 집단의 특성과 세대에 적절한 내용이어야 한다. 청년과 중장년, 남성과 여성은 다르다.

• 진행자는 내용을 확실히 이해하고 숙달되어 있어야 한다. 함께 하는 동

작이 지나치게 어렵거나 집단의 특성을 고려하지 않는 것, 예를 들면 너무 오글거리거나 지나친 신체 접촉을 해야 하는 동작 같은 것은 피하고 특히 강사 자신은 숙달되어 있어야 한다.

아이스브레이킹 구성의 제일 조건, 누구나 참여해 볼 수 있는 쉬운 것으로!

준비하는 아이스브레이킹 Bridge Talk

쇼트트랙 경기나 육상 경기를 보면 선수들이 출발하는 신호총을 쏘기 전에 심판이 "레디…" 하며 준비를 알린다. 만일 경기에서 이 '레디…'가 없다고 생각해 보자. 선수들은 혼란에 빠질 것이고 경기 운영은 엉망이 될 것이다.

강의에서도 마음의 워밍업, 즉 '레디…'가 필요하다. 아침에 시작하거나 아니면 점심 식사를 하고 강의가 시작되는 경우에는 강의 본론으로 들어가기 전에 가벼운 이야기나 함께할 수 있는 동작 같은 것을 배치해서 학습자들의 긴장을 풀어주는 것이 좋다. 일종의 디딤돌인 것이다.

이야기를 나누는 것이라면 주제를 제시하는 것이 좋은데 이 경우 가능하면 기분이 좋아지는 긍정적 주제를 제시하길 권한다.

지난주 가장 기분 좋았던 일, 나만의 소확행, 내 인생 최고의 순간, 현재 내 마음의 온도, 나를 지켜줄 단 한 사람, 세상에 이런 것 하나쯤 있었으면, 꼭 다시 가보고 싶은 곳, 함께 저녁 먹고 싶은 사람 등의 주제를 주고 이야기를 나누어보게 한 다음 강의 본론으로 들어가는 것이다.

강의를 본격적으로 시작하기 전에 편하게 접근할 수 있는 주제로 브릿지(Bridge)를 배치하는 것은 강의에 대한 학습자들의 심리적 안전함을 조성하고 유연한 몰입을 촉진하는 효과적인 수단이 된다.

팀워크(Teamwork) 다지기

아이스브레이킹이 강의 초반 강사와 학습자 간의 관계 형성을 위한 도구라면 팀워크 다지기는 3가지 형태의 관계 형성 도구 중 학습자들 간의 관계를 강화하는 도구이다.

퍼실리테이션 과정에서 학습자들 간의 안전하고 친밀한 관계 형성은 학습자의 참여를 높이고 다양한 의견 도출과 활발한 논의를 촉진하여 학습 효과를 높이는 중요한 요인이다. 따라서 충분한 시간을 할애하여 학습자들 간의 관계 형성을 견고하게 만들어야 하지만 이미 충분히 라포(Rapport. 친밀함)가 형성되어 있는 집단의 경우는[19] 너무 많은 시간을 할애하기보다는 강의 본론에 시간을 효과적으로 사용할 것을 권한다.

학습자들의 특성(참여 형태나 자기 개방성 정도 등)과 강의장 환경을 고려하고 시간 배분과 도구 선택에도 유의해야 한다.

필자가 현장에서 활용하고 있는 몇 가지 도구를 소개한다.

초상화 그려주기

강의 초반 참여자들 간의 관계 형성 기법으로 많이 사용되는 도구이다. 얼굴 윤곽이 그려진 양식을 나눠주고 맨 위에 본인의 이름을 기록한다. 자신의 이름이 기록된 양식을 옆 사람에게 넘기고 진행자의 안내에 따라 넘겨받은

---

19) 같은 회사에 근무하는 인원들이 함께 과정에 참여한 경우나 같은 일에 종사하는 사람들로 구성된 학습자 집단

_____ 입니다. 잘 그려주세요

양식에 이름이 기록된 사람의 모습을 그려가는 활동이다.

예를 들면 '눈과 눈썹(안경)-코와 입-귀와 머리카락'과 같이 진행자가 안내하는 순서대로 얼굴 부위를 그려나가는 것이다. 5명이 한 모둠일 경우 4번을 옆으로 넘기게 되면 본인 양식이 돌아오니 그 전에 그림이 완성될 수 있도록 조절해야 한다.

이 활동은 시간을 많이 주지 않는 것이 포인트다. 잘 그린 그림을 보고자 함이 아니고 조금 부실하게 그린 그림을 보면서 서로 즐거워하고 관계를 형성해 가는 도구이다.

양식을 만들어서 사용할 것을 권하고 강사는 옆 사람에게 넘기는 횟수를 잘 염두에 두고 있어야 한다. 그림을 그리기 위해 학습자들끼리 상대의 모습을 관찰하게 하여 친밀감을 형성하고 관계를 강화하는 효과를 보인다.

얼굴 윤곽이 그려지지 않은 A4 크기의 백지를 주고 얼굴 윤곽을 그리게 하면 학습자마다 얼굴 윤곽 위치와 크기도 각각이어서 활동이 효과를 발휘하지 못할 수도 있다. 양식을 옆으로 넘길 때 "자, 넘기세요."라고 말로 하는 것보다 벨 같은 도구를 활용해 보자.

타워링(Towering)

이름은 영화 제목에서 따왔다. 이름에서 눈치를 얻었겠지만 높이 쌓는 활

동이다. 같은 분량의 도구를 제공하고 정해진 시간에 팀원들이 합심해서 높이 쌓아올리는 것이다.

필자의 경우 도구는 젠가 블럭과 도미노 칩, 그리고 책갈피를 제공했다. 모둠별로 동일한 내용과 수량의 도구를 제공해 주어야 하고 시간을 확실하게 제시해 주어야 한다. 현장에서 활용해보니 3분 정도가 적절했다. 중간중간 남은 시간을 알려 주어야 한다. 그래야 모둠별로 쌓아놓고 버틸 것인가 아니면 계속 시도해 볼 것인가 의논하고 전략을 수립한다. 이런 과정에서 참여자 간에 의견이 오가고 관계가 형성되는 효과가 있었다. 도구가 적당치 않으면 신문이나 잡지를 활용해도 된다.

퇴근 게임

우리가 잘 알고 있는 눈치 게임의 응용이다. 진행자는 "나 먼저 나갈 테니 야근할 사람은 야근하고 퇴근할 사람은 퇴근하게."라고 말한다. 진행자의 말이 끝나는 순간 팀원들은 눈치껏 일어서며 "퇴근하겠습니다."를 외친다. 동시에 일어나면 진다. 단 동시에 일어났더라도 다시 재빠르게 "야근하겠습니다." 하고 앉으면 상대방이 지게 된다. 맨 마지막까지 일어나지 못하면 술래다.

공통점 찾기

함께 공부하는 팀원들의 공통점을 찾아 기록해 보는 것이다. 이때 룰을 명확히 제시해야 다툼이 없다.

"다 예뻐요", "착해요" 같은 정성적 항목은 제외하고 확인할 수 있는 항목으로 범위를 제한하는 것이 좋다. 그래야 시계는 있는지, 신발은 어떤 것을 신었는지, 머리핀은 했는지 서로서로 살펴보게 된다. 조금 수준을 높여 반반 게임으로 변형해보자. 반은 같고 반은 다른 것을 찾아보는 것이다.

팀 프로필 만들기

당대제일

최고봉. 하지만. 이교수. 안경태

희망하는 일
FBL전문 퍼실리테이터

재산
27년 교육계 종사
워드와 엑셀 능통
마라톤 20회 완주
한식 조리사 자격증
한글 맞춤법 전문가

모둠에서 함께 공부하고 있는 팀원들은 어떤 재능을 가지고 있는지 기록해 보는 것이다. 반전지나 4절지 크기의 용지면 충분하다. 꼭 교육과 관련된 내용이 아니어도 좋다.

요리든 특별한 활동이든 운동이든 본인이 잘할 수 있는 능력을 모아보면 멋진 자산이 되고 자신이 잘 눈여겨보지 않았던 재능을 생각해 보는 기회가 된다.

필자는 이 활동을 구직 역량 강화를 주제로 하는 강의에서 새로운 일거리를 찾기 위한 아이디어 확산의 도구로 활용하고 있다. 활동이 끝난 후 만들어진 팀 프로필을 모두 벽에 붙여놓고 함께 이야기해보는 것도 좋다.

훈민정음 게임

한글 자모로 이루어진 조각을 나누어 준다. 24조각을 모두 제공하지 말고 무작위로 20조각 정도를 주는 것이 좋다. 제공된 한글 자모 조각을 이용해 진행자가 제시하는 테마에 맞는 단어를 조합해서 만드는 것이다. 예를 들면 연예인 이름, 나라나 도시 이름, 탈수 있는 것 등의 주제를 미리 정해두어야 한다. 3음절 이상으로 제한하길 권한다. 음절 수 제한을 두지 않으면 한 음절이나 두 음절로 된 답이 너무 쉽게 나와 재미가 줄어든다. 조합이 완료되면 'Stop'를 외치게 한다. 자모 조각은 시중 문구점에 판매하고 있는 것을 활용하고 있다.

추억 사진관

휴대폰을 이용한다. 휴대폰에 있는 어떤 사진이어도 괜찮다.(공개해도 좋은) 사진을 보여주고 사진에 얽힌 이야기를 통해 팀원들과 관계를 형성하는 활동이다. 과제로 가장 오래된 사진 한 장을 가져오게 해서 자기소개 도구로 활용해도 좋다.

과거의 경험이나 추억을 이야기하는 활동이어서 의외로 즐거운 이야기가 길어지기 십상이다. 시작 전 시간에 대한 확실한 룰을 정해주어야 시간을 장악할 수 있다.

친구를 찾습니다

강의장이 참여자들의 왕래가 편할 정도의 크기여야 한다.

그림과 같은 양식을 한 장씩 제공하고 참여자들은 강의장을 돌아다니며 제시된 5개의 조건 중 3개 이상의 조건에 해당하는 사람을 찾는다. 찾으면 해당하는 조건에 동그라미로 표시하고 ( )에 그 사람의 이름을 기록하면 된다.

시간을 정해주거나 5명 이상 찾으면 자리에 앉기와 같이 기준을 주어야 한다. 가장 많이 찾은 사람에게 가벼운 상품을 주는 것도 권한다. 조건 충족 여부를 알아보는 과정에서 서로 질문이 오가고 즐거운 역동이 일어난다.

너무 과하지 않은 질문(공개가 꺼려질 만한)을 개발하는 것이 관건이고 강의장이 너무 좁으면 불편할 수 있다.

친구를 찾습니다 (   )
· 체중 50Kg 이하
· 고향이 지방인 사람
· 안경 착용한 사람
· 나와 같은 달에 태어난사람
· 3년 이상 직장경력자

친구를 찾습니다 (   )
· 체중 75Kg 이상
· 고향이 부산인 사람
· 렌즈 착용한 사람
· 키 180cm이상
· 20년 이상 직장경력자

친구를 찾습니다 (   )
· 시계 찬 사람
· 자녀가 3명 이상인 사람
· 안경 착용한 사람
· 나와 같은 달에 태어난사람
· 3년 이상 직장경력자

친구를 찾습니다 (   )
· 아들만 둘 인 사람
· 고향이 지방인 사람
· 운동화 신은 사람
· 미혼인 사람
· 나와 같은 달에 태어난사람

친구를 찾습니다 (   )
· 딸 만 둘인 사람
· 주민번호 끝자리 홀 수
· 안경 착용한 사람
· 나와 다른 구 거주자
· 반지 낀 사람

친구를 찾습니다 (   )
· 부부가 동갑인 사람
· 고향이 지방인 사람
· 주민번호 끝자리 짝수
· 목걸이 한 사람
· 필통 가지고 있는 사람

친구를 찾습니다 ( )	친구를 찾습니다 ( )	친구를 찾습니다 ( )
· 부부가 초등학교 동창 · 고향이 지방인 사람 · 안경 착용한 사람 · 귀걸이 한 사람 · 천주교가 종교인 사람	· 검은색 양말 신은 사람 · 고향이 지방인 사람 · 안경 착용한 사람 · 펜 5자루 이상 소지 한 사람 · 기독교가 종교인 사람	· 흰색 양말 신은 사람 · 지갑에 2만원 미만인 사람 · 스카프 착용한 사람 · 신용카드 5개 이상 소지자 · 나와 다른 구 거주자
친구를 찾습니다 ( )	친구를 찾습니다 ( )	친구를 찾습니다 ( )
· 시계 찬 사람 · 고향이 지방인 사람 · 안경 착용한 사람 · 나와 다른 구 거주자 · 3년 이상 직장경력자	· 폴더폰 소지자 · 술 절대 못하는 사람 · 결혼반지 낀 사람 · 운전면허증 소지자 · 아이 없는 기혼자	· 발 크기 230mm이하 · 불교가 종교인 사람 · 안경 착용한 사람 · 나와 다른 구 거주자 · 3년 이상 직장경력자

학습자의 심리적 안전함(Psychological Safety)에 대하여

어떤 활동이나 수행 과제를 제시하든지 그것이 학습자들에게 스트레스가 되어선 안 된다. 하여 강사는 학습자들이 누구의 의견이든지 모든 의견은 동등하게 귀하며 참여의 형태는 존중되어야 함을 인식하게 하고, 이런 인식이 참여자 모두에게 공유될 수 있는 환경이 만들어지도록 노력해야 한다. 아이디어가 떠오르지 않으면 "없어요."라고 말할 수 있고, "이게 괜찮을까?" 하는 자기 검열성이 해제되며 적당한 답이 없으면 아무 표시 없는 '백지'여도 좋은 환경을 만들어 가는 것, 강의 현장에서 우리가 해야 할 유일한 것이다.

효과적인 오프닝 기법과 활용 아이디어

일화나 사례, 시사 이슈 등을 발굴해 활용하자

드림 스타트 사업단 책임자들을 대상으로 하는 강의에서 교황의 방문을 화제로 이야기하며 결손 가정 아이들이 방치되고 있다는 뉴스 보도를 제시하면서 오프닝을 했다.

드림 스타트는 보건복지부 지원 사업으로 빈곤 가정 아동의 교육과 복지를 지원하는 국가 지원 프로그램으로 뉴스에 보도된 이슈와 사업의 취지가 잘 맞아 오프닝으로 구성한 사례였다. 이렇게 학습자들의 직무나 특성, 또 강의 주제와 맞는 사회적 이슈들을 오프닝의 소재로 활용해 보자.

상상을 유도해 보자

이야기 속으로 학습자를 끌어들여 상상하게 하는 기법이다.

예를 들어 학습자들에게 이렇게 이야기하는 것이다.

> 자 여러분, 여러분은 오늘 면접 보러 가는 날입니다.
>
> 옷장에서 전날 코디해 놓은 옷을 입고 거울을 보고 매무시를 고치고 신발도 깨끗하게 닦아 신고 집을 나섭니다. 지하철에서 미리 준비한 질문과 답변 내용을 다시 한 번 확인하고 면접 대기장에 들어서 함께하는 참가자들과 가벼운 인사를 나눕니다. 잠시 뒤 진행자로부터 이름이 불리고 당신은 네 명의 응시자와 함께 면접장에 들어가 면접관에게 인사를 하고 자리에 앉았습니다. 어떤 질문이 나올 것 같으세요?

이렇게 질문하는 것이 "면접에 갔는데 처음 어떤 질문이 나올 것 같으세요?"라고 묻는 것보다 훨씬 더 생각을 깊이 있게 할 수 있다. 강의 주제와 연결될 수 있는 상상 속으로 학습자들을 들어오게 해보자. 상상은 사고의 폭을 넓힌다.

질문을 던지자

프로그램 전체를 관통할 수 있는 질문을 제시해 보자.

필자가 진행하는 FBL 교수법 강의는 이렇게 시작한다.

"당신의 강의는 지속 가능한가요?"

마릴리 애덤스는 그의 책《질문의 기술》에서 질문의 힘을 아래와 같이 제시하고 있다.

① 학습자를 집중하게 한다.

② 학습자의 사고와 상상력을 자극한다.

③ 학습자의 반응을 유도하고 촉진한다.

④ 학습자들 간의 상호 작용을 조성하는 기제(機制)[20]가 된다.

⑤ 좋은 질문은 학습자의 혼란스런 사고를 정리하게 한다.

강의에서 가장 중요한 개념이나 내용을 이야기하기 전에 그 내용으로 자연스럽게 진입할 수 있는 질문을 제시하고 학습자들의 사고를 촉진해보길 권한다.

---

20) 인간의 행동에 영향을 미치는 심리의 작용이나 원리

이 책의 Prologue도 "'강사님은 강의하세요. 저는 스마트폰 좀 볼게요.' 이렇게 바뀐다면 어떤 기분이 드시나요?"라는 질문이었다.

카피라이터 정철은 그의 책 《틈만 나면 딴생각》에서 물음표를 던져야 느낌표를 건질 수 있다고 말한다.

질문을 던지자. 그래야 느낀다.

이야기 활용하기

요즘 나이 들어가면서 묘한 버릇이 생기더군요. 어떤 노래가 한곡 떠오르면 일주일 내내 그 노래를 웅얼거리는 버릇 말입니다. 걸어가면서 흥얼흥얼, 밥 먹으면서도 다리를 까닥거리고 청소하면서 휘파람 불며 휘릭휘릭…

며칠 전에는 '가을 편지'라는 노래가 입에 익었습니다. 여러분, 이 노래 아세요? "가을엔 편지를 하겠어요. 누구라도 그대가 되어 받아주세요…." 이렇게 시작되는 노랫말입니다. 들어 보셨어요? 저는 오늘 여러분께 이틀짜리 편지를 쓰려 합니다. 여러분 모두 제 소중한 그대가 되어 받아주세요. 그리고 가끔 답장을 해주시면 더할 나위 없이 좋고요. 박수를 치시거나 환호를 하시거나 중간중간 질문으로 답장을 보내주세요.

자 그러면 이제 첫날 편지를 열어볼까요?

[생애 설계 진행자 양성 과정 강의에서]

부산에서 진행했던 생애 설계 프로그램의 오프닝이었다. 실제로 그때 '가을 편지'라는 노래가 매우 좋아 웅얼거리며 다녔고 그 경험을 오프닝에 활용한 것이다. 이렇게 자신의 이야기를 오프닝으로 활용하는 것도 "궂은 날씨에도 불구하시고…"보다는 훨씬 나은 방법이다.

신문 기사나 뉴스를 활용해보자

오늘 제 이야기는 신문 기사 한 편으로 시작됩니다.

중학교 2학년인 아이는 사진 찍기와 춤을 좋아하는 학생이었습니다. 춤과 음악을 좋아해 예고에 진학하는 것이 꿈이었고 틈만 나면 홍대에서 길거리 공연도 자주 하곤 했습니다. 하지만 아버지는 달랐습니다. 아들이 판검사가 되어 소위 잘나가는 직업을 가지길 원했던 것입니다. 아이와 갈등이 심해진 아버지는 욕설을 퍼붓고 심지어 골프채로 아이를 때리기에 이르렀습니다.

그날도 홍대에서 거리 공연을 마치고 돌아온 아이는 골프채로 배를 찌르는 아버지에게 심한 좌절을 느꼈습니다. 아이는 아버지만 없으면 행복할 것 같았습니다. 그리고 아이는 주유소로 뛰어가 휘발유를 사 와서 집에 뿌리고 불을 질렀습니다.

여러분. 왜 이런 일이 일어난 것일까요? 저는 오늘 여러분과 함께 이 방화 사건의 원인을 잠시 들여다보고자 합니다.

[자녀의 진로 지도 강의에서]

학부모를 대상으로 '자녀들의 진로 지도'를 주제로 한 강의에서 실제로 오프닝한 내용이다. '잔소리 싫어 불 질러 가족 죽인 중학생'이라는 제목의 신문 기사를 화면에 제시하고 오프닝한 것인데 실패한 사례 중 하나다.

강의가 끝난 후 몇몇 학부모께서 찾아와 고맙다는 인사와 함께 "아이구 선생님 아까 그 중학생 얘기는 너무 끔찍했어요. 저를 어째요, 그래." 하시며 일그러진 표정으로 안타까움을 토로하시는 것이었다. 많은 것을 배우게 한 순간이었다.

기사나 보도를 활용하는 것은 좋으나 주제와의 연관성이 좋더라도 사건의 내용이 너무 자극적이면 피하길 권한다. 자칫 학습자들의 마음이 불편해질 수 있고 또 강의 내용보다 사건의 안타까움이 더 오래 남을 수 있기 때문이다.

시나 격언 활용하기

시도 오프닝의 좋은 소재가 될 수 있다. 한 제약회사의 신입 직원 교육에서 정채봉 시인의 '만남'이란 시를 활용했는데 이 시에는 만남의 형태가 몇가지 제시되어 있고 이를 퀴즈 형식으로 만들어 오프닝을 한 경험이 있다.

여러분의 입사를 축하합니다. 이제 ○○제약의 새 식구가 되셨군요. 축하의 의미로 시 한 편을 소개해 드리려 합니다. 정채봉 시인의 '만남'이라는 시인데요. 잘 읽어 보시고 빈칸에 들어갈 단어를 생각해 보시지요.

가장 잘못된 만남은? '생선' 같은 만남입니다. 조심해야 할 만남은? '꽃송이'지요. 비천한 만남은? '건전지' 시간이 아까운 만남은? '지우개'

자 그러면 가장 아름다운 만남은 어떤 만남일까요?

그렇습니다. '손수건' 같은 만남입니다.

여러분은 이제 신입 직원으로 ○○제약이라는 새로운 만남 앞에 있습니다. 어떤 만남을 만들어 가고 싶으신가요?

생선이나 꽃송이 같은 만남이 되고 싶진 않으시죠? 가장 아름다운 만남이라는 손수건 같은 만남을 만들어 가려면 이제 여러분은 어떻게 생활해야할까요? 오늘 짧은 시간이지만 저와 함께 '손수건' 같은 만남에 대해 이야기를 나눠 보시지요.

이렇게 오프닝을 하고 강의를 마치면서 필자는 신입 직원들에게 손수건을 하나씩 선물하고 이렇게 말했다.

"혹시 쓰시다가 손수건이 해지거든 연락주세요. A/S해 드립니다."

노래 활용하기

김종찬이라는 가수가 부른 노래 '산다는 것은'의 노랫말은 "어디로 가야하나 멀기만 한 세월~"로 시작된다.

퇴직자들을 위한 생애 설계 프로그램에서 김종찬의 노래를 들려주고 이렇게 오프닝 했다.

> 여러분 이 노래 들어보신 적 있으시지요?
>
> 이렇게 들으니 가사가 제법 의미심장하지요?
>
> 여러분의 창을 두드리는 게 바로 접니다.
>
> 저는 3일 동안 여러분의 창을 두드릴 거예요.
>
> 그리고 우리 삶의 어둠을 거두는 빛은
>
> 어디에서 오는지 저와 함께 찾아가 보시지요.
>
> [노동 시장의 변화와 대응 전략 강의에서]

학습자들이 편하게 접할 수 있는 가요의 노랫말도 잘 살펴보면 강의 주제와 연결할 수 있는 오프닝의 소재가 보인다. 이 노래는 중장년층에 적절하다. 기획할 때 연령대에 맞는 노래를 선택하길 권한다. (GOD의 '길'이란 노래는 청년층에 어울린다.)

시간도 고려하자

강의 시간이 아침이냐 아니면 저녁인가에 따라 오프닝 방법에 차별을 두면 효과적이다. 아침에 시작한다면 최근 경험했던 행복한 순간이나 최근 자신에게 가장 즐거운 good news를 공유하는 것으로 시작하고, 점심 직후에 시작하는 강의는 간단한 요가나 체조로, 또는 모두 함께할 수 있는 재미있는 동작을 통해 나른함을 물리치는 도구로 시작하는 것도 좋은 방법이다. 오후 시간대는 재미있는 게임이나 동영상을 준비해보고 퇴근 시간이 지난 저녁이면 간단한 간식을 준비하거나 가벼운 주제를 가지고 수다로 시작하는 것도 좋다.

오프닝에 활용할 수 있는 아이디어

1. 승승합의서

밥 파이크(Bob Pike)의 창의적 교수법에 소개된 도구이다.

학습자들이 강사에게 원하는 것을 확인하고 강사도 학습자들에게 원하는 것을 제시하는 방법이다. 점착 메모지를 활용하여 이번 과정에서 강사에게 원하는 것을 기록하게 하되 한 가지씩만 기록하게 하고 "일찍 끝내주세요", "재밌게 해주세요." 같은 것은 빼고 기록할 것을 안내하는 것이 좋다.

이 활동은 학습자들의 욕구를 들여다볼 수 있는 좋은 도구가 되고 프로그램 내용과의 미스 매칭을 확인할 수도 있다.

반대로 강사가 원하는 것을 제시할 때 "지각하지 않기", "휴식시간 지키기"같이 학습자들을 통제하는 내용보다는 참여자들의 심리적 안전함이 조성될 수 있는 내용으로 제안할 것을 권한다.

필자는 이렇게 제안하고 있다.

- 과감하게 참여하기
- 과격하게 반응하기
- 무조건 지지하기
- 다름을 어울림으로

프로그램에서 제공되지 않는 학습자의 욕구가 확인되면 미리 양해를 구하는 것이 좋다. 예를 들어 러닝 퍼실리테이션 과정인데 "회의 진행을 잘하는 방법을 가르쳐 주세요."라는 요구가 있을 수 있다. 이때는 미리 과정에 대한 내용을 알리고 양해를 구해야 한다. 이런 확인 과정 없이 그냥 진행하면 학습자와 강사 모두 미스 매칭의 피해자가 될 수 있기 때문이다. 또 "강사님의 인생철학이 궁금해요."같이 개인적인 요구 사항도 나올 수 있다. 이럴 경우 학습자 전체를 대상으로 공적인 시간을 쓸 것이 아니라 쉬는 시간을 이용해 개인적으로 찾아가 이야기 나누길 권한다.

확장해 보기

- 강의 중 강사에게 원하는 사항을 논의해서 기록하고 발표한다.
- 이번에는 강사가 학습자들에게 어떤 것을 원할 것 같은지 논의해보고 역시 기록하고 발표한다.
- 두 개의 내용을 모두 부착해 두고 서로 지켜갈 것을 약속한다.
- 강사에게 바라는 점과 강사가 학습자에게 바라는 점을 모둠별 토의를 통해 찾아가는 방식이다.

2. 교재 돌아보기

장기 과정(예를 들어 3일이나 5일 또는 그 이상)의 교재나 워크북은 그 분량이 적잖이 많을 것이다. 본격적인 강의 시작 전에 오프닝으로 교재의 특징을 기록하게 해보자.(예: 그림이 많다, 활동지가 뒤에 있다, 표지가 두껍다, 10개 모듈로 되어있다 등등)

모둠별 활동으로 하고 가장 많이 기록한 조에게 가벼운 시상을 해도 좋다. 교재의 구성이나 내용을 살피게 해서 개략적인 강의 내용을 미리 알게 하는 예습의 효과가 있다. 장기 과정에 적절하다.

3. 체조 영상[21] 활용

많은 강사가 아침에 강의 시작 전이나 점심 먹고 오후 강의 시작 전 학습자들의 집중을 높이고 긴장을 풀어주는 도구로 체조 영상을 활용하고 있다. 여러분은 어떤 영상을 활용하시는가? 박지성 체조?

체조 영상도 학습자들에게 적절한 것을 활용하길 권한다. 중장년들을 대상으로 걸 그룹 가수들이 하는 체조를 보여주면 따라 할 수도 없다. 아니 사고 난다.

강의장 환경도 고려해야 한다. 너무 좁거나 바닥이 카펫이면 안 하는 편이 낫다. 학습자들이 불편해할 수 있고 분진 등으로 건강을 해친다.

학습자들의 참여에 자율성을 주는 것도 중요하다. "하실 수 있는 동작만 해보세요." 또는 "몸이 불편하시면 그냥 계셔도 됩니다." 같이 유연한 참여를 조성하자.

4. 희망의 사자성어

긍정불패, 건강백세, 애인습득, 나도몸짱, 차바꾸자 등의 사례를 제시해주고 새해 이루고자 하는 소망을 네 글자로 표현하게 해본다. 점착 메모지를 이용하거나 위에 제시한 네임텐트 만들 때 함께 활용해도 좋다.

5. 라인 업(Line-up)

참여자를 모두 나오게 해서 모둠별로 원을 그려 서게 한다. 강사가 제시하는 테마의 순서대로 빨리 1열로 서는 팀이 승리하는 것으로 한다.

예를 들면 신발 사이즈 큰 순서, 팔 길이가 긴 순서, 가족이 많은 순서, 나이가 어린 순서, 이름 가나다순, 머리카락 긴 순서 등의 테마를 제시해 줄 수

---

21) 유튜브에 '앉아서 하는 스트레칭'으로 검색해 보면 다양한 체조 영상이 있다.

있다. 순서대로 서게 되면 '완성'을 외치게 하고 확인해 본다. 한 모둠이 6명 내지 8명이면 적당하고 활동이 가능한 약간의 공간이 있어야 한다. 서로 질문하고 확인하는 과정을 통해 관계를 형성하고 친밀감을 다질 수 있다.

강의 본론의 조건

두 번째 기둥 '진행하기'는 '오프닝'과 '강의 본론' 그리고 '클로징'으로 구성되어 있는데, 지금까지는 오프닝과 관련된 내용을 정리해 보았다. 이제 강의 본론은 어떻게 구성되어야 하고 강의 진행과 관련된 조건들을 정리해 보자.

덜어내야 한다

재미있는 상상을 해보자. 김밥의 재료 한 가지를 떠올려 보자. 단, 정성, 손맛 이런 것 말고 눈에 보이는 것이어야 한다. 어떤 재료가 떠올랐는가? 단무지, 우엉, 맛살, 아니면 참치? 현장에서 이 활동을 해보면 대부분의 학습자가 앞서 예로 든 재료들을 말한다.

김밥의 재료 중 가장 중요한 게 무엇일까? 김과 밥 아닐까? 그런데 우리는 대부분 김과 밥보다는 들어가는 부재료를 더 생각하게 된다.

강의 본론은 김밥이다. '김'과 '밥'을 빼고 다 덜어내야 한다. 학습자들이 꼭 알아야 하는 핵심을 빼고 모두 버려야 한다는 의미이다. 앞서 단순성(Simplicity)을 말하면서 강의는 더해가는 그림이 아니라 빼가는 사진이어야 함을 강조한 바 있다. 우리는 너무 많은 이야길 하려 한다. 아니 해주려 한다. 그래서 망친다. 실제로 1/3은 다루지도 못하고 강의장을 나오지 않던가? 덜어내야 한다. 핵심 개념만 빼고!

강의 본론은 학습자의 관심이 유지되어야 한다

오프닝은 펜스에 걸터앉아있는 학습자들을 안으로 끌어들이기 위해 관심을 유발해야 하는 기능을 가져야 한다면 강의 본론에서는 그렇게 끌어들인 관심을 내내 유지시키는 기능을 해야 한다. 한순간도 그 관심이 벗어나 버리면 학습자는 방관자가 된다.

오프닝은 관심 유발! 강의 본론은 관심 유지!

학습자의 동기 유발 (ARCS 모델)

켈러(Keller)는 동기 이론을 통해(ARCS 이론) 학습자의 관심이 유지되고 학습의 효과를 높이기 위해서는 학습 동기를 일어나게 해야 하는데 이 학습 동기는 다음과 같은 네 가지 요인의 상호 작용에 의해 일어나고 강해질 수 있다고 말한다.

주의 집중(Attention)

학습이 일어나기 위해서는 주어진 학습 자극에 학습자의 호기심과 주의가 집중되어야 하고, 일단 집중된 주의는 유지되어야 한다. 특히 호기심은 학습자의 주의를 일어나게 하고 유지시켜주는 주요 요인이며 강의에서 학습자의 주의 집중은 학습의 효과를 높이고 프로그램의 목적을 이루기 위해 무엇보다 중요한 조건이다.

관련성(Relevance)

일단 주의가 기울여지고 나면 학습자들은 왜 이 강의를 들어야 하는가에 관심을 갖게 되고, 학습에 대한 개인적인 필요를 지각하게 된다. 따라서 강의는 그 내용이 학습자의 욕구나 목적에 어떻게 관련되는지를 구체적으로 제시해 주어야 한다. 오프닝에서 개관을 강조한 이유가 여기에 있다.

자신감(Confidence)

참여자는 학습에 재미와 필요를 느껴야 하고 이에 덧붙여 '나도 할 수 있다'는 자신감을 가질 수 있도록 해야 한다. 적정 수준의 도전 욕구를 촉진하면서 노력에 따라 성공할 수 있다는 자신감을 심어주는 것이 높은 동기 유발 및 유지의 요소가 된다.

만족감(Satisfaction)

만족감은 학습의 초기에 학습자의 동기를 유발시키는 요소라기보다는 일단 유발된 동기를 계속 유지하는 역할을 한다. 학습자의 노력의 결과가 그의 기대와 일치하고 학습자가 그 결과에 대하여 만족한다면 학습 동기는 계속 유지될 것이며, 학습자의 과제 수행에도 영향을 미치게 된다.

학습자의 주의 획득 전략

학습 동기의 강화를 위해 가장 먼저 필요한 것이 학습자의 주의 집중을 얻는 것이다.

많은 강사가 학습자들을 집중시키기 위해 "지금부터 중요한 사항입니다. 잘 들어주세요." 같은 식으로 말한다. 심지어 적으라고 강요하기도 한다. 학습자들의 집중은 강사의 강제로 이루어지지 않는다. 다양한 방법과 매체를 통해 전략적으로 접근해야 한다.

켈러(Keller)는 강의 참가자의 주의 획득 전략으로 6가지를 제시하고 있다.

부조화와 지식의 불균형

학습자가 가지고 있는 경험이나 지식, 또는 기대를 뛰어넘어 "정마~~ 알?", "우와 그 정도야?", "아, 그런 거구나!"의 상태를 만들어 내는 내용을 제시해 기존에 자신이 가지고 있던 지식과 불균형 상태가 되면 학습자는 집중하게 된다. 대부분의 코미디는 보는 이의 기대를 비트는(부조화) 것으로 웃음을 주고 집중을 유도한다.

불균형과 지식의 재구성(구성주의)

인지적 구성주의는 지식을 구성하는 요인을 개인의 내면적 인지 작용으로 보고 있다. 즉, 지식은 '동화와 조절'이라는 인지적 과정을 통해 능동적으로 구성되며 이러한 동화와 조절을 통하여 인간은 평형을 유지하려는 본능

을 갖고 있다고 본다. 학습은 이러한 평형 상태가 깨졌을 때, 즉 강사가 제공하는 새로운 정보와 지식이 학습자가 종전에 가지고 있었던 지식과의 인지적 불균형 상태가 생기는 과정을 통해 이루어진다고 한다.

즉 인지적 혼란을 겪을 때 동화와 조절을 통해 인지 구조를 변화시켜 다시 평형을 찾게 되고 이는 새로운 지식으로 재구성되는 것이다. 새로운 지식과 경험으로부터 인식되는 불균형은 학습을 촉진한다.

〈구성주의를 적용한 중학교 도덕과 교수 학습에 관한 연구〉(서희선, 2007)에서 참조

구체적 도구 활용

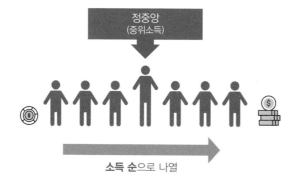

영상이나 이미지 같은 시각적 도구, 녹음 같은 청각적 도구나 일화, 전기(傳記-전해져오는글) 같은 구체적인 경험 사례와 이야기는 몰입을 이끌어 내는 힘을 발휘한다. 예를 들어 '중위 소득은 소득을 순서대로 매겼을 때 정가운데 있는 액수'를 뜻한다고 설명하는 것보다는 위와 같은 이미지를 제시하는 것이 빠른 이해를 돕는다.

다만 어떤 도구이든 지나치게 길거나 장황하면 집중은 흐트러지게 마련이다. 하여 필자는 영상은 3분, 녹음은 1분 이내에 이야기하고자 하는 핵심 내용을 담아야 한다는 기준을 지키고 있다.

목소리의 변화나 움직임

목소리는 우리가 가진 가장 강력한 무기다. 목소리의 고저, 강약, 완급을 통해 충분히 학습자의 집중을 끌어낼 수 있다. 연습을 통해 전달하려는 상황에 맞는 목소리를 내는 것이 집중하게 한다.

교탁만을 사수할 것이 아니라 학습자들의 집중을 방해하지 않는 정도에서 움직이는 것도 좋다. 그뿐만 아니라 파워포인트의 디자인과 컬러, 교재의 레이아웃 등도 학습자들의 집중에 영향을 미친다.

상황에 어울리는 목소리

성시경이라는 가수는 라디오 DJ로도 유명하다. 밤 시간에 진행되는 음악 프로그램을 마치면서 그는 가슴 설레는 감미로운 목소리로 이렇게 말하곤 했다.

"잘자요오~~"

반면에 올림픽이나 아시안게임에서 치러지는 태권도나 유도 같은 격투기 중계방송을 볼라치면 심판들은 아주 명확하고 큰 동작과 함께 잠이 놀라 도망가 버릴 만큼의 큰 소리로 외친다.

"시작!", "그쳐!"

상상해 보자. 만약 성시경이라는 DJ가 프로그램을 마치면서 태권도 심판이 외치는 것처럼 "잘자욧!"하면 잠이 오겠는가? 반대로 태권도 심판이 성시경이 속삭이는 것처럼 "시자~~~아악", "그쳐~어어"하면 경기가 제대로 진행되겠는가?

강사는 진행하면서 다양한 상황을 학습자들에게 전달해야 하고 그 다양한 상황에 어울리는 목소리의 고저, 강약, 완급이 있다. 학습자들의 집중을 유지하기 위해선 전달하려는 내용과 상황에 적절한 목소리를 내야 한다. 강사는 때로 연기자여야 한다.

유머와 은유

성인을 대상으로 웃음치료나 유머 관련 강의를 하시는 분 중에 드물게는 민망한 성적 농담을 스스럼없이 쓰시거나 마치 참여자들과의 친밀감 표현인 것처럼 반말하는 강사들이 있다. 더 난감한 건 강의 중 학습자들의 참여를 높이기 위해 활용하는 상품을 던지기도 한다. 강의는 재미있어야 하지만 그 정도가 지나치면 위험해진다.

핵심 개념을 다르게 표현해 보는 은유(隱喩)를 활용하는 것도 이해를 쉽게 만든다.

"강의는 전국노래자랑이다.", "강의는 노래방이다."라고 표현한 것은 강의가 가져야 할 조건의 이해를 돕기 위해 은유를 활용한 예라 할 수 있다.

교장 선생님 훈화보다는 만담이 낫고 지루한 이론의 나열보다는 멋진 시한 구절이 좋다. 하지만 지나치면 안 하느니만 못하다.

은유(隱喩)

은유(隱喩)는 좋은 교수 도구가 될 수 있다. 은유는 개념과 연결하는 고리이다. 은유는 아는 것에서 모르는 것으로, 익숙한 것에서 익숙하지 않은 것으로 연결하며 전체를 포용하고, 개인적 문화적으로 숨어있는 의미와 수많은 이미지를 포함한다.

은유는 기억 지향이기보다 이미지 지향적이어서 핵심으로 인도하는 데 강하다. 따라서 강사가 전달하려고 하는 핵심 내용을 은유를 활용해 이해하고 기억하게 할 수 있다.

강하게….

강의 본론을 설명할 때 도입 부분에 했던 스팟 '강의 본론은 김밥이다'는 은유의 효과를 보여준다.

《4MAT 강의법》 버니스 매카시 폴앤마크, 2019

탐구

핵심 개념의 이해를 돕고 지식의 확장을 위해 관련된 주제를 제시하고 학습자들이 과제 수행이나 상호 작용을 통해 새로운 지식을 재구성할 수 있도록 기회를 제공한다. 이때 제시되는 주제는 누구나 스스로 포기하거나 망설이지 않고 참여할 수 있는 쉬운 주제여야 한다. 과제나 논의 주제가 전문성 높은 학술적 차원이 되면 시도 자체를 포기하는 경우가 생길 수 있다.

사회적 구성주의

앞서 잠시 언급한 인지적 구성주의는 피아제(piaget)의 인지 발달 이론에 그 이론적 근거를 두고 학습과 지식의 구성은 동화(assimilation)와 조절(accommodation)을 거치는 개인의 정신적 활동에 근거한다고 본다.

반면 사회적 구성주의는 비고츠키(Vygotsky)의 발달 심리 이론에 기초를 두고 인간의 학습은 개인의 인지적 작용과 더불어 사회적 상호 작용에 의해 내면화된다고 보고 학습에 영향을 미치는 사회적 요소에 관심을 갖는다.

인지적 발달을 개인 스스로의 능동적 활동으로 보는 피아제와 달리 비고츠키는 사회적 상호 작용을 중요하게 여긴다. 즉 각 개인은 타인과의 관계와 상호 작용의 영향을 받으며 성장한 사회적 존재로 여기고, 인간의 정신은 독립적 활동이 아니라 사회 문화 학습의 결과이며 일상에서 어려운 과제 해결은 성인이나 뛰어난 동료와 대화를 통하여 해결할 수 있다고 본다. 따라서 학습에서 교사와 성인, 뛰어난 동료의 도움을 중요하게 생각하며 지식 구성을 위한 사회적 상호 작용의 중요성을 강조한다. 결국 사회적 구성주의에 따르면, 지식의 구성은 개인의 인지적 작용과 함께 사회 문화적 상호 작용이 통합적으로 이루어지는 역동적인 과정으로 설명한다.

〈구성주의를 적용한 중학교 도덕과 교수 학습에 관한 연구〉(서희선, 2007)에서 참조

참여

논의와 토론, 게임, 시연 등을 통한 학습자의 능동적인 참여는 그들을 강의를 이끌어 가는 주인공, 즉 행위의 주체로 만들고 자신감이 높아져 학습 동기가 유지되어 학습의 성과를 높인다. 이러한 참여를 촉진하기 위해 강사는 적절한 수준의 주제를 개발하여 제시하고 학습자들이 머뭇거림 없이 상호 작용에 참여할 수 있도록 '심리적 안전(Psychological Safety)'이 모든 학습자에게

공유될 수 있는 환경을 조성해 주는 것이 필요하다. 결국 강사의 역할은 '정보 처리'가 아니라 '정서 처리'여야 하는 것이다.

행위의 주체(causal-agent)

모처럼 걸레를 가지고 방을 청소하려 하는데 마침 엄마가 "제발 방 좀 치워라." 하고 핀잔을 주면 왜 청소하려는 마음이 싹 사라지는 걸까?

이는 선택의 주도성이 침해되기 때문이다. 청소라는 행위는 이제 스스로의 자발적 선택이 아니라 엄마의 질타에 의한 선택이 되어버린 것이다. 그러니 방이 청결해진 성취의 결과도 내가 아니라 엄마에게 귀속되게 된다. 즉 행동의 주체도 행동으로 인한 성과의 주체도 상실된 것이다. 그러니 싫어질 수밖에….

인간은 자기 자신이 행동 원인의 주체(causal-agent)가 되길 원한다. 퍼실리테이션은 학습자가 자발적인 참여를 통해 주체로 서게 하는 과정이다. 따라서 학습자를 듣기만 하는 청중이 아니라 적극적으로 참여하는 학습자로 만들어야 한다.

밥 파이크는 쉬는 시간마저도 스스로 정하게 하라고 권고하고 있다. 그리고 그 선택을 온전히 지지해 주어야 한다. 사람은 자신이 참여한 결과에 대해서는 헌신적으로 임하고 애착과 책임감을 가진다. 청중을 학습자로!

강의 본론의 구성

학습자의 주의가 유지되고 동기가 강화되는 강의는 어떻게 구성하는 것이 좋을까?

아래와 같은 내용들을 고려해 보길 권한다.

목적에 맞는 내용인가

강의의 목적을 명확히 알고 그 목적이 실현될 수 있는 내용들로 구성되어야 한다.

목적은 학습자들의 욕구로부터 온다. 전달하려고 하는 핵심 개념이 그들의 욕구에 적확(的確)하고 문제를 해결할 수 있는 내용인가를 확인해야 한다.

"내가 만나는 학습자들은 어떤 문제를 해결하고자 하는가?"라는 질문을 떠올려 보고 강의 내용이 문제 해결에 도움이 되는가를 생각해 보자.

핵심 개념만으로 간결하게 구성되었는가

내용이 구조화되어 있고 간결해야 한다. 산만한 리스트 구조보다는 같은 내용이 모듈(Module)로 뭉쳐져 구조화된 클러스터 구조가 간결하다.

오컴의 면도날(Ockham's Razor)이란 개념이 있다. 영국의 논리학자 오컴 윌리엄(William of Ockham)이 제안한 내용인데 같은 현상을 설명하는 두 개의 주장이 있다면 간단한 쪽을 선택하라는 의미이다.

'사고 절약의 원리'(Principle of Parsimony)라고도 불리는 이 명제는 어떤 현상을 설명할 때 장황하고 불필요한 가정을 해서는 안 된다는 것으로 사고에 있어서 '경제성의 원리'(Principle of Economy)인 셈이다.

단락과 내용들이 유연하게 연결되는가

아주 오래전에 줄줄이 사탕이라는 과자가 있었다.

"아빠 오실 때 줄줄이 엄마 오실 때 줄줄이~~" 이런 노래와 함께 광고했던 사탕이다. (나이 어린 독자들은 생각이 안 날 수도)

집에서 아이와 아니면 친구와 이런 놀이를 해 보자.

사탕 5개를 던져주고 받아보게 하는 것이다. 몇 개나 받을 수 있을까? 이번에는 줄줄이 사탕처럼 이어져 있는 5개를 던져주면 낱개보다는 훨씬 쉽게 받을 수 있다. 아니면 작은 파우치나 봉지에 넣어 던져주어도 마찬가지다.

강사가 학습자들에게 제공하는 정보나 핵심 내용들이 사탕이라면 이 사탕은 줄줄이 사탕처럼 하나로 꿰어져 있거나 봉지로 감싸져 있어야 한다. 그래야 학습자들이 쉽게 받는다.

유치원 아이들이 선생님과 나들이 가는 풍경을 상상해 보자. 아이들과 선생님이 함께 같은 줄을 잡고 이동한다. 아이들이 줄을 잡지 않으면 제각각으로 산만해져서 한 방향으로 데려가기가 어려울 것이다.

이렇듯 강의의 단락과 모듈들은 하나의 이야기로 연결되어 있어야 한다. 그래야 흐름을 해치지 않고 일관성 있고 유연해진다.

내용이 하나로 꿰어지지 않고 유연함을 잃으면 강의는 "뭔 얘기여?"라는 반응을 가져온다. 따라서 강사는 자신이 전달하려고 하는 강의 내용을 유연하게 연결할 수 있는 다양한 도구를 설계하고 개발해야 하는데 이것이 '스팟 (Spot)과 브릿지(Bridge)'이다.

스팟 (Spot) [22]

강의는 학습자들과 관계를 맺고 그 관계를 유지하고 강화해 가는 과정이라 제시한 바 있다. 그리고 그 방법으로 3가지 형태의 도구를 제안하였고 그 중 스팟(Spot)과 브릿지(Bridge)는 강의의 핵심 내용이나 단락과 단락 간의 유연한 관계를 유지하는 도구이다.

스팟은 원래 방송에서 사용되는 용어로 라디오나 텔레비전 방송에서, 프로그램 사이 또는 프로그램 진행 중에 하는 짧은 광고를 의미하는 말이다. 일종의 연결 도구인 셈이다.

강의 현장을 보면 많은 강사가 아이스브레이킹과 스팟을 별 구분 없이 활용하고 있는데, 스팟은 단순히 학습자들을 재미있게 하는 도구가 아니라 내용의 이해를 돕고 유연성을 좋게 하는 도구여야 한다. 따라서 스팟에는 재미뿐 아니라 강의 내용과 관련 있는 의미와 피드백을 개발해 이야기함으로써 강의 단락의 핵심 개념이나 내용을 학습자들이 쉽게 **이해할 수 있도록 돕는** 연결 도구여야 한다.

예를 들어 아래와 같은 동작을 한다고 하자. (독자들도 함께 해보시길…)

- 모두 일어서 원하는 방향을 바라보고 섭니다. 정면이 아니어도 좋아요.
- 바라보는 방향의 한 지점을 정해 그곳을 응시하세요.
- 응시하면서 팔을 양옆으로 벌려보세요.

22) '스폿'으로 표기하는 것이 옳으나 오랜 기간 강의 현장에서 쓰였던 용어여서 '스팟'으로 표기하였다.

- 팔을 벌린 상태에서 이번에는 한쪽 다리를 들어보세요.

- 네 좋아요. 모두 내리세요.

- 자, 다시 한 번 해보겠습니다. 마찬가지로 한 곳을 바라보세요.

- 이번엔 눈을 감고 팔을 벌려보세요.

- 팔을 벌린 채로 한쪽 다리를 들어보세요.(조금씩 자세가 흔들리게 된다.)

- 자, 눈 뜨시고 모두 내리시고 자리에 앉아주세요.

- 느낌이 어떠세요? 눈 감으니 어떤 현상이 생기던가요?

여러분은 이 동작을 마치고 어떤 이야기를 하겠는가? 아무 의미 부여 없이 한다면 재미있는(?) 동작이지만 "여러분의 미래에 눈 감지 마세요. 눈 감으면 흔들리게 됩니다. 앞으로 남은 자신의 삶을 어떻게 준비해 가느냐 하는 것은 흔들리지 않는 우리의 미래를 위해 절대적으로 필요한 것입니다."라고 피드백하면 학습자들이 준비의 필요성을 이해하고 행동을 촉진하게 하는 의미 있는 동작이 된다.

아무 의미 없이 강의가 너무 밋밋해서, 또는 그저 재미로 하는 교수 활동[23]은 없어야 한다. 스팟은 강사가 전달하려고 하는 핵심 개념의 이해를 돕는 도구여야 한다. 따라서 스팟은 모방보다는 창조에 더 가까이 있다.

에디톨로지(Editology)를 제안한 김정운 교수는 "창조는 이미 있는 것들을 편집해서 만들어 내는 것"이라고 말한다. 무언가를 새롭게 만들어 내기 위해선 투자가 필요하다. 많이 읽고 다양하게 보고 부지런히 다녀야 한다. 읽고 보고 다니되 자세히 살펴야 한다. '무의식적 관찰'과 '의도적 살핌'은 다르다.

Spot의 소재는 생활 속에 있다. 무심히 지나쳤던 일상이나 경험에서 발견

---

23) 토론과 발표, 영상 보기, 역할극, 과제 수행, 시연, 퀴즈나 게임, 실물 제시 등 강의에서 학습자에게 제시되는 다양한 형태의 도구를 의미한다.

하는 것이다. 그래서 강사는 자신의 일상을 의도적으로 정성스럽게 살펴야 한다. 그래야 새로운 의미가 보인다.

'물이 맑다'고 말하는 것은 본 것이지만 '물속을 오가는 물고기의 숨소리까지 들릴 정도'라고 말하는 것은 자세히 살펴본 것이다.

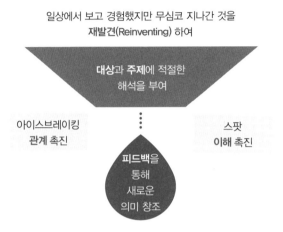

《창의 발상론》을 쓴 성균관대 박영택 교수는 "세상에 새로운 것은 없다." 창의성이란 '무에서 유를 만드는 것'이 아니라 '유에서 유를 발견하는 것'이라 말한다. 결국 Spot은 '창조'라기보다 '발견'에 훨씬 더 가깝다.

일상의 익숙함을 자세히 살피자. 살피면 보인다.

브릿지(Bridge)

스팟(Spot)과 브릿지(Bridge) 모두 강의 단락과 내용의 연결을 유연하게 하는 도구들이지만 스팟이 이해를 돕는 도구라면 브릿지는 연결을 돕는 도구이다.

> 아이스브레이킹(Icebreaking)은 관계 촉진!
> 스팟(Spot)은 이해 촉진!
> 브릿지(Bridge)는 연결 촉진!

브릿지(Bridge)는 강의에서 내용과 단락들을 유연하게 연결하는 다양한 도구나 매체를 의미하는 것으로 프로그램 전체를 관통하는 스토리의 일관성을 유지하게 한다. 강의 내용의 자연스러운 흐름을 위해서는 적절한 연결 단어나 문장, 또는 도구, 매체의 개발이 필요하다. 브릿지(Bridge)로는 다양한 형태를 활용해 볼 수 있다.

- 연결어나 전환하는 문장, 경험담이나 이야기
- 팀 활동이나 퀴즈, 역할극, 시연
- 영상이나 노래, 시 등의 매체
- 이미지나 실물 제시 등

필자가 진행하는 생애 설계 프로그램의 내용은 아래와 같이 구성된다.

> ① 프로그램 개관
> ② 수명의 연장과 생애 주기의 변화
> ③ 노동 환경의 변화
> ④ 구직 패러다임의 전환
> ⑤ 일의 의미 확장과 구직 정보 탐색

위의 내용을 제시하고 이렇게 설명한다고 생각해 보자.

안녕하세요. ○○○ 강사입니다.
오늘 제 이야기는 프로그램의 개관, 수명의 연장과 생애 주기의 변화, 노동 환경의 변화, 구직 패러다임의 전환, 일의 의미 확장, 유용한 구직 정보 탐색 순으로 말씀드리겠습니다.

느낌이 어떠신가?
이건 슬라이드의 텍스트를 그냥 읽은 것이다. 보고 읽을 거라면 이렇게 이야기하는 게 낫다.

"오늘 제 이야기는 화면을 참고하시기 바랍니다."

학습자들도 다 눈으로 읽고 본다.
하지만 이렇게 이야기한다고 상상해 보자

안녕하세요. ○○○ 강사입니다. 오늘 강의 내용을 함께 살펴볼까요? 먼저 오늘 프로그램이 어떤 내용으로 구성되어 있는지 간단히 설명드리겠습니다. 그리고 환경의 변화를 살펴보려 하는데요, 백세 시대라고 이야기하고 있지요. 수명은 얼마나 늘어

났고 그에 따라 우리의 삶의 형태에는 어떤 변화가 있는지 살펴보겠습니다.

그리고 이러한 변화에 전략적으로 접근하는 방법 몇 가지를 제안 드려려 합니다. 먼저 구직이라는 패러다임을 구직자의 시각에서 구인자의 시각으로 바꿔보시길 권해드립니다. 또 한 가지 전략은 일의 의미와 방법을 다양하게 확장해 보세요. 그리고 마지막으로 여러분에게 유용한 구직 정보들은 어떻게 탐색하는 것이 효과적인지 함께 알아보도록 하겠습니다.

여러분이 학습자의 입장이라면 앞의 설명이 편하신가 아니면 뒤의 설명이 자연스러운가? 나중에 제시한 것은 전환어와 문장을 활용해 강의 순서를 하나의 이야기로 꿴 사례이다.

퍼실리테이션의 개념을 설명하려고 자전거 타기의 경험을 말한 것은 자신이 경험한 이야기를 브릿지로 활용한 사례이다. 강의 본론은 간결해야 함을 강조하기 위해 김밥의 재료를 생각해 보는 게임을 브릿지로 배치한 것이고 상대를 먼저 생각하는 좋은 관계의 중요성을 말하기 위해 정채봉 시인의 '만남'이라는 시를 퀴즈로 만들어 브릿지로 활용한 것이다.

사탕 5개를 그냥 던지면 다 받지 못한다. 줄줄이 꿰어서 주어야 온전히 받을 수 있다. 강의 내용을 유연하게 이어지는 하나의 이야기로 연결하자. 낱알로 부스러지는 땅콩보다 조청과 잘 섞인 땅콩엿이 낫다.

집중을 유지하고 강의를 역동적으로 만드는 진행 기술

학습자를 활동하게 하자

사람은 해본 것을 오래 기억한다. 활동하게 하고 증거 있는 칭찬과 격려, 인정으로 학습자들에게 강의를 이끌어 가는 중요한 사람임을 인식시킨다. 행위의 주체(Causal agent)로 느끼게 하는 것이다. 앞서 소개한 승승합의서는 참여를 통해 함께 만들어가는 과정임을 느끼게 할 수 있는 도구였다. 모둠의 팀장을 뽑는 것도 강사가 지목할 것이 아니라 학습자들 스스로 선택하게 하고 논의나 토론의 주제를 선정하는 것도 항목을 제시하되 학습자에게 선택권을 주는 것이 좋다.

사회적 구성주의 측면에서 보면 학습과 지식은 상호 작용을 통해 일어나고 구성된다. 학습자들 간의 상호 작용을 통해 새로운 지식이 만들어질 수 있도록 그들의 경험이 안전하게 발산될 수 있는 환경을 만드는 것이 강사의 역할이다. 학습자들을 듣는 사람이 아니라 이야기하는 사람으로 만들어야 하는 것이다.

팀장 뽑기와 활동

모둠의 팀장도 모두 참여시키고 긍정적 테마를 활용해 선정하기를 권한다.

- 가장 나이 많은 사람보다는 가장 멋진 사람이 낫다.
- 지금 제일 행복해 보이는 사람
- 베스트드레서 또는 가장 멋진 색의 옷을 입은 사람
- 초등학교 6년 내내 반장 했을 것 같은 사람

- 배우자가 가장 예쁘거나 멋질 것 같은 사람
- 커피(와인, 가을)와 잘 어울리는 사람 등

기분이 즐거워지는 주제를 가지고 뽑아보자.

게임이나 활동도 모두 참여할 수 있는 것으로 설계하자.

- 누구나 참여할 수 있는 쉬운 것
- 과한 신체 접촉은 피하자.(특히 혼성일 경우)
- 강의장 환경과 안전을 고려하자.
- 활동 종료 사인을 정하는 것이 좋다.(박수 세 번이나 종료 팻말 활용)
- 'Top 10'이나 '별별 랭킹' 같은 자료를 검색해 활용해 보자.

청킹(Chunking)[24] 하자

강의 시간은 최대 90분을 넘기지 않는 것이 좋다. 간혹 90분을 쉬지 않고 강의해야 할 경우에는 시작할 때 미리 양해를 구해야 한다.

20분 단위로 모듈화할 것을 권한다. 예를 들어 강의 20분, 사례와 토론 20분과 같은 방법으로 묶는 것이 집중하기 쉽다.

파워포인트 슬라이드를 많이 쓰지만 한 슬라이드를 8분 이상 띄워 놓으면 지루해진다. 밥 파이크는 창의적 교수법에서 이 내용을 90:20:8의 법칙으로 제시하고 있다.

---

24) 정보를 의미 있는 묶음으로 만드는 것을 의미하며, '덩이짓기'라고도 한다. 단기 기억의 용량을 확대시키는 효과가 있다.

중간중간 확인하자

강의 중간중간에 지금 무엇을 하고 있으며 전체적인 내용 중 어디쯤에서 무엇을 하고 있는지 확인시켜 주어야 한다. 쉬는 시간이 끝나고 시작할 때 지난 시간에 진행한 내용을 간단하게 리뷰하고 가면 좋다. 전체적인 흐름을 확인하는 데 도움이 될 뿐 아니라 단락과 모듈을 유연하게 연결하는 브릿지(Bridge) 역할도 한다.

아침에는 전날 한 내용을, 점심시간 뒤에는 오전에 한 내용을 간단하게라도 함께 정리하고 가면 흐름을 유지할 수 있다. 두드려가면서 건너야 빠지지 않는다.

필요를 느끼게 하자

강의를 들으면 학습자들에게 어떤 성장이 일어나는지 제시하자.

예를 들면

이 시간이 끝나면

1. 커리어 관리에 대해 정의하고 이야기할 수 있다.
2. 커리어 상담의 기본 이론에 대해 설명하고 토론할 수 있다.
3. 커리어와 관련된 용어에 대한 명확한 개념을 파악할 수 있다.

위와 같이 구체적인 이득을 알려주어야 학습자들은 기대를 가지고 참여하게 된다.

건전한 경쟁을 유도해보자

가벼운 상품을 활용해서 모둠별로 가벼운 경쟁을 유도해 보자.

상품은 가격 부담 없고 여러 사람이 나눌 수 있는(밀크 캐러멜 같은) 것이 좋다. 획득하지 못한 그룹이 상실을 느끼지 않도록 선물도 재미있게 꾸며보자.

예를 들면 인도 체험을 할 수 있는 카레, 아메리칸 후드(food) 체험을 도와주는 콘플레이크, 반자동 식기 세척기 고무장갑, 몸을 정화하는 이태리타올, 4인 가족 외식 상품권 신라면… 모두 필자가 활용해 본 상품들이다.

자신에게 어울리는 것을 하자

'유머'와 '재미'에 대한 강박으로 소화해내기 어려운 동작이나 표정을 시도하면 부자연스럽고 억지스러워 보여 오히려 학습자들을 불편하게 할 수 있다. 따라서 라포 형성이나 관계 활성화를 위한 아이스브레이킹을 선택하더라도 자신의 역량과 성격에 맞는 것으로 구성하고 시도해야 한다. 자신이 조용하고 내향적이며 목소리도 차분한 스타일이면 내용에 집중하고 동작보다는 언어로 재미를 만들어 가는 것이 적절하다.

특히 "제가 재미있는 얘기 하나 해드릴까요?"라든가 "절 따라 해보세요. 정말 재미있어요." 하며 했는데 너무 오래된 뻔한 내용이라든지 자신의 동작이 어설퍼 제대로 시범도 보이지 못한다면 강의장은 일순간 냉장고가 될 것이다. 익숙하지도 않은 성대모사 하지 말고 그런 것에 별 소질 없고 역량이 부족하다고 판단되면 다른 방법을 쓰자.

시간을 장악하자

가능하면 정시에 시작하길 권한다. 그래야 학습자들이 프로그램이 제시간에 시작된다는 것을 인식하게 되고 의도적 지각을 방지할 수 있다.

끝나는 시간은 공지된 시간보다 조금 일찍 끝내는 것이 좋다. 쉬는 시간도 50분 강의 10분 휴식을 고집할 것이 아니라 학습자들의 연령대나 정서적 상태들을 고려해 탄력적으로 운영하길 권한다. 중장년층을 대상으로 하는 강의는 15분을 쉬거나 장년층을 대상으로 하는 강의는 1시간 30분을 점심시간으로 쓰는 것도 좋을 것이다.

실제로 필자는 사회 공헌 프로그램 참여자 소양 교육을 진행하면서 쉬는 시간 20분, 점심시간 1시간 30분으로 운영하고 있다. 참여자들이 대부분 60~70대인 점을 고려한 것이다.

모둠 활동의 경우 소요 시간과 명확한 rule을 제시해 주고 제대로 전달되었는지 확인해야 한다. 모둠 활동 진행 방식이나 rule의 모호한 전달은 자칫 논의 주제를 벗어나거나 활동의 방향을 거스를 수 있기 때문이다.

강사 자신만이 인식할 수 있는 기호를 활용해 남은 시간을 슬라이드 화면에 표시해 두길 권한다. 그래야 진행의 완급을 조절할 수 있다. 실제로 필자는 슬라이드 화면 왼쪽 아래 'E20m' 같은 표기를 해 두고 있다. 20분 이내에 끝내야 한다는 표시이다.

오른쪽 아래는 'A', 'AV2.05'[25]같이 표시해 두어 진행에 활용하고 있다.

강의 시간이 모자라기만 하는 것은 아니다. 여러 가지 이유로 시간이 남을 수도 있다. 강의장 환경이나 학습자들의 정서 상태를 고려해 모둠 활동을 하지 못하거나 토론하는 시간이 예상보다 빨리 종료되면 난감해진다. 따라서 강사는 진행 주제와 관련되어 폭넓고 다양한 사례들을 가지고 있어야 한다.

학습자들이 모둠 활동을 하거나 동영상을 시청하는 시간은 강사에게 매우

---

25) A는 애니메이션 있음. AV2.05는 애니메이션으로 영상이 나타나고 2분 5초 동안 구동된다는 뜻이다.

소중한 시간이다. 그저 아무 생각 없이 멍하니 흘려보낼 시간이 아니다.

우선 모둠 활동이 제대로 진행되는지 영상은 잘 구동되는지 살핀 후에 다음 단락이나 모듈을 확인해 보고 내용을 수정하거나 매끄러운 연결을 구상하는 시간으로 활용하자.

시계는 강의장 뒤편에 두길 권한다. 강의 준비 단계에서 강의장 정보를 충분히 수집해보고 시계가 정면에 있을 경우 PM에게 뒤편으로 옮겨줄 것을 부탁해 두어야 한다. 시계가 정면에 있으면 자칫 학습자들의 집중이 흐트러지는 원인으로 작용할 수 있다.

질문과 답변

강사는 학습자들의 다양한 질문을 대하게`된다. 정말 내용이 궁금하고 모르는 부분이 있어 하는 질문이 있는가 하면 강사가 내용을 아는지 모르는지 떠보는 질문도 있고 자신을 드러내기 위해 자기 자랑하는 질문이 있다. 또 장황하고 뜬금없어 질문의 요지를 잘 모르는 질문도 있을 수 있지만 어떤 형태의 질문이든 모두 솔직하고 성의 있게 답변해 주어야 한다.

명확한 근거와 확실한 내용만 답하자. "아마~일걸요?"라는 애매한 표현보다는 차라리 연구가 부족해 미처 준비하지 못했음을 솔직히 이야기하고 다음 시간에 정리해 답변할 것이라 말하는 것이 좋다.

질문은 모듈이나 강의 말미에 한꺼번에 받는 것이 낫다. 강의 중간에 수시로 질문을 허용하면 자칫 강의 전체의 흐름을 해칠 수 있기 때문이다.

강의장 벽면에 질문 공원(Question Park)[26]을 두어 궁금한 사항들은 점착 메모지에 적어 남겨줄 것을 안내하고 수시로 확인해서 응대하면 된다. 개인적 질문

---

26) 이젤패드나 4절지 정도의 용지를 부착해 놓으면 된다.

은 따로 시간을 내 답하는 것이 적절할 것이다. 한 사람에게만 해당하는 사적인 질문과 답에 공적인 시간을 사용하는 것은 강의 전체적인 흐름을 해칠뿐더러 시간 장악에 방해가 되기도 한다. 난감했던 질문은 기록으로 남겨 공부의 계기로 삼아야 하고 답변을 통해 약속한 내용은 잊지 말고 지켜 주어야 한다.

많은 강사가 다음 시간을 약속하고는 지키지 않는 경우가 많다. 질문에 답을 하고 충분한지 확인하자. 이때 '잘 이해하셨나요?'라는 표현보다는 '제 설명이 충분했나요?' 또는 '제가 잘 설명했나요?'라고 표현해 보길 권한다.

문제 되는 참여자

강의 현장에서 만나는 학습자들은 우리의 생각대로 반응해 주지 않는다. 조직의 요구에 의해 억지로 참여한 포로 형태의 학습자들이나 정서적으로 분노 상태인 경우에는 더욱 그렇다.

Case 1. (2016.2)
모 공기업 저성과자 동기부여과정에서
참여자 중 일부 강사의 조별활동 유도에
"하지 맙시다." 하고 반응하는 경우 워쩌??

Case 2. (2015. 9)
상공회의소 재도약 프로그램중
오프닝에서 자기소개 시간
"저는 이런거 싫어해요" 하는 참가자에게 워쩌??

Case 3. (2014. 11)
프로그램 진행을 위해 자리를 다시 배치해야 하는데
전 여기서 그냥 할께요 하고
자리 안 옮기고 버티는 참가자에게 워쩌??

Case 4. (2014. 8)
공기업 퇴직자 생애설계 과정...
파워포인트를 제시하고 진행했는데
뭔가 이상해. 하면서 보니까 다른 프로그램 파워포인트로
시작해 버렸네. 워쩌??

Case 5.
생애설계 과정에서 삶을 대하는 태도부분에
정성스러움에 대해 이야기 했는데
정성스러우면 시간이 오래걸리지 않나요 라고
질문하는 참가자에게 워쩌??

Case 6.
비전을 세우고 목표를 수립하고 한해 계획을 세우고...
이렇게 사는게 난 짜증나는 일이다.
무슨 계획을 세워야 할 지도 잘 모르겠다.
강 되는대로 사는것도 사는 방법 중 하나 아닌가 라고
반문하는 참가자에게 워쩌??

[필자의 블로그에 모아놓은 난감했던 사례들]

예를 들어 활동을 위해 자리를 옮겨야 하는데 "전 여기서 그냥 할게요."라고 버티는 경우나 과제를 주고 수행을 제안했는데 "이런 거 하지 맙시다."라고 반응하는 경우 강사는 매우 난감해진다. 특히 강사가 의도적으로 프로세스를 기

획했는데 학습자가 따라주지 않는다면 자칫 그 의도는 무너지고 계획했던 목표를 이루지 못할 수도 있다. 이럴 경우 어떻게 대처할 것인가는 정해진 매뉴얼이나 답이 있는 것은 아니지만 평소 이런 돌발 상황은 기록으로 남겨 공부의 소재로 삼는 것이 좋다. 가장 좋은 방법은 만나지 않기를 기도하는 것이다.

효과적인 전달과 매체 & 파워포인트 슬라이드

지금 우리는 '준비하기'를 거쳐 '진행하기'[27]라는 두 번째 기둥 중 오프닝의 내용을 공부하였고 강의 본론의 구성과 진행에 대해 이야기하고 있다. 강의 본론은 학습자의 관심과 집중을 유지시키는 것이 중요한데 강사가 학습자들의 관심을 유지하고 주의를 획득하려면 강의 내용이 효과적으로 전달되어야 한다.

지금부터는 '전달'에 대해 이야기를 풀어가 보자.

미국의 사회 심리학자인 알버트 매러비언(Albert Mehrabian)은 1970년 《침묵의 메시지(Silent message)》라는 그의 저서에서 전체 의사소통의 단 7%만이 대화의 내용(Words)을 통해서 이루어지고 38%는 음조나 억양 등 말투(고저, 강약, 완급), 즉 청각적 요소(Tone of Voice)를 통해, 그리고 나머지 55%는 표정, 몸짓, 자세 등 시각적 이미지로(Body Language) 전달된다고 말한다.

따라서 커뮤니케이션의 93%는 말의 내용이 아니라 비언어적인 행태, 즉 말이 아닌 신체 언어를 통해 전달된다고 밝히면서 비언어적 표현은 내면의 감정이 나타나는 것이기 때문에 놓치지 말고[28] 특징들을 찾아 이해하는 것이 필요하다고 주장하고 있다.

---

27) 진행하기는 오프닝, 강의 본론, 클로징으로 구성되어 있다.

28) 강사도 학습자들이 지루해하는지 상호 작용에서 불편함을 느끼는지 자세히 살펴 적절한 상황 변화를 주어야 한다.

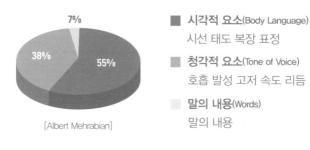

[Albert Mehrabian]

시각적 요소(Body Language)
시선 태도 복장 표정

청각적 요소(Tone of Voice)
호흡 발성 고저 속도 리듬

말의 내용(Words)
말의 내용

"전달"

매체의 적절성부터 강사의 태도까지 다양한 요소들을 포괄하는 개념

그의 말처럼 커뮤니케이션의 요소는 비언어적 표현을 폭넓게 포함하는 내용이어서 지금 이야기하려 하는 '전달'이라는 개념도 강사의 말뿐 아니라 활용하는 매체와 입는 옷부터 태도까지 모든 요소를 포괄하는 것으로 이해하고 하나씩 정리해 보고자 한다.

매체의 종류

강의에 활용할 수 있는 매체는 파워포인트뿐만 아니라 매우 다양함에도 당연히 파워포인트만을 생각하지만 강의 주제와 강의장 환경, 학습자의 특성에 맞는 적절한 매체를 선택해야 한다.

• **파워포인트:** 초대형 강의장에도 적절한가 생각해 볼 필요가 있다. 1,000명 이상 수용하는 강당에서 파워포인트는 가독성에 한계를 드러낼 수 있다. 강당 중간에 모니터를 배치하거나 유인물을 보조 도구로 쓰는 것이 좋다.

• **동영상:** 영상은 학습자들의 집중과 이해를 돕는 효과적 매체이나 구동 시간과 화질, 그리고 음향 상태 등을 고려해야 한다.

• **교재나 유인물:** 왼쪽을 묶을 건가, 위로 철할 것인가도 교재 만들 때 고

민할 거리다. 교재의 분량이 너무 많아 들고 다니기 어려울 만큼 무거우면 주제별로 분리해서 제공하는 것이 낫다. 유인물은 페이지가 적은 연구 자료나 간단한 설명을 대체하기에 적절하다.

• **사물이나 이미지 제시:** 확실하게 느낌이 오지 않는 막연한 개념을 넘어 자극이 필요할 경우 활용하기에 적절하다. 예를 들어 "영화관에서 사 먹는 팝콘 한 통에 트랜스 지방이 하루 섭취 권장량보다 6배나 많아요."라고 말로만 설명하는 것보다 누런색 덩어리를 보여주는 것이 훨씬 효과적이다.

• **보드**(판서): 20명 내외의 소규모 강의에 적절하다. 보드의 크기와 필기도구(마커나 분필) 선택에 신중을 기해야 하고 난필은 학습자들의 집중과 이해를 방해할 수 있다.

• **역할 연기:** 학습자 집단의 특성과 감정 상태를 고려해 선택할 것을 권한다. 비자발적 참여자들로 구성된 과정이나 감정적으로 불안정한[29] 상태일 수밖에 없는 참여자들의 경우 역할 연기는 매우 어려울 것이다.

• **설명:** 주제에 대한 깊이 있는 전문적 지식과 내용에 대한 완벽한 숙지와 연습이 없으면 활용이 불가능한 매체이다. 상대적으로 짧은 시간의 강의에 적절할 것이다.

이렇게 많은 매체가 있지만 대부분의 강사들이 사용하고 있는 파워포인트 슬라이드에 대해 조금 더 구체적으로 이야기해 보자.

---

29) 감정이 분노 상태에 있는 비자발적 퇴직을 할 수밖에 없는 집단을 대상으로 하는 강의는 참여를 이끌어 내기가 매우 어렵다.

파워포인트 슬라이드

파워포인트는 프로그램의 이름이고 슬라이드는 사진이나 그림, 도표 등을 광학적인 기계 장치(슬라이드 환등기)에 의해서 스크린에 확대 영사하는 것을 말한다. 따라서 필자는 '파워포인트 슬라이드'라 표현하기로 한다.

파워포인트 슬라이드를 만들 때 가장 중요하게 고려해야 할 것이 무엇일까? 그것이 학습자들이 읽고 보는 것을 도와 이해력을 높이는 기능을 하는 것이라면 단연 가독성이 중요할 것이다. 그 외에도 일치성과 통일성을 슬라이드 작성할 때 고려해야 할 세 가지 요소로 제안하고자 한다.

슬라이드 디자인의 3요소
- 이해력을 높이는 가독성
- 일관된 통일성
- 내용과의 일치성

① 가독성

보고 읽기에 불편함이 없어야 한다. 작은 서체와 화면을 가득 채우는 많은 내용의 텍스트는 피해야 한다.

② 일치성

주제에 맞는 내용이 제시되고 내용에 적절한 이미지가 활용되어야 한다.

③ 통일성

서체, 기술 기호, 크기와 컬러 등 전체적인 구조에 통일성이 있어야 한다.

파워포인트 슬라이드 작성 Tip

- 디자인이 단순해야 가독성이 좋고 연결의 규칙성이 있다.

- 너무 많은 컬러를 사용하면 난잡하고 어지러워 보이고 정작 중요한 핵심 내용은 파악하기 힘들어진다. Color는 세 가지 이내로 한정하는 것이 좋다.

- 지나치게 혼란스러운 배경보다 보기에 무난한 배경을 사용하고 글꼴은 명조보다는 고딕 계열을 사용한다. 또 제목과 본문에 통일된 글꼴을 사용해야 구성의 일관성과 규칙성을 유지할 수 있다.

- 제목은 32, 본문은 20~24포인트가 적절하다. 본문은 가독성의 한계가 16포인트이다. 더 작아져야 하면 슬라이드 한 장을 더 작성하길 권한다.

- 너무 많은 내용은 집중을 포기하게 한다. 텍스트는 꼭 필요한 내용만 작성하되 창의적 교수법에서는 7줄, 7단어, 3단락으로 구성할 것을 제안하고 있다. 읽지 않고 지나칠 것 같은 내용은 아예 처음부터 빼버리자. 슬라이드는 모든 내용을 담는 것이 아니라 학습자들의 이해를 돕는 도구임을 명심하자.

- 굳이 좌측 정렬만을 고집할 필요는 없다. 우측 정렬을 해보자. 느낌이 새롭다.

- 학습자의 집중과 강조를 위해 애니메이션과 특수 효과를 사용할 수 있지만 최소화하는 것이 좋다. 특히 특수 효과는 정말 필요하다고 판단되는 곳에만 채택하고 가능하면 사용하지 말 것을 권한다.

- 괄호나 빈칸을 활용해서 참가자들의 호기심과 집중을 유도해보자.

- 이미지를 삽입하는 것은 학습자들의 집중 유지에 도움이 되지만 슬라이드 내용과 연관된 이미지를 사용하고 채택 시 저작권에 유의해야 한다.

파워포인트 슬라이드 작성의 규칙성

강의 때마다 매번 슬라이드를 만들 것이 아니라 표준 Form을 만들어 활용할 것을 권한다. 동일한 디자인의 파워포인트 슬라이드를 만들어 놓는 방법인데 표지와 목차, 그리고 중간 제목과 휴식시간, 마무리에 쓰는 슬라이드 디자인을 미리 만들어 놓는 것이다. 새로운 강의안을 작성할 때도 유용하고 또 디자인의 일관성이 계속적으로 노출되면 학습자들의 인식[30]에도 도움을 줄 수 있다.

1. 텍스트에도 변화를

텍스트의 변화를 활용해 가독성과 학습자의 집중도를 높일 수 있다. 중요한 내용은 굵은 서체를 사용하거나 다른 서체를 사용해 보자. 다른 컬러를 사용해서 내용을 강조하고 기울이는 것도 좋은 방법이다. 어두운 바탕에 그림자를 주면 가독성이 좋아지고 크기에도 변화를 주어 강조해 본다. 애니메이션을 활용하는 것도 집중하게 하는 좋은 방법이다.

> **Bold체**를 사용하거나 서체 바꾸기
>
> 다른 컬러를 사용하거나 *기울이기*
>
> <u>밑줄 굿기</u>나 **그림자주기**
>
> 크기를 바꾸거나 회전시키기
>
> 애니메이션 활용하기

---

[30] 학습자들이 다음에 나올 내용을 대강 짐작하게 할 뿐 아니라 강사를 기억하게 하는 브랜드 전략으로도 활용할 수 있다.

2. 배경

파워포인트 슬라이드 배경을 어두운 계열을 쓰느냐 아니면 밝은 계열을 쓰느냐 하는 것도 학습자들의 집중과 가독성에 영향을 미친다.

배경색과 글자색을 같은 계열로 하면 텍스트가 배경에 묻혀 잘 보이지 않는다.

어두운 배경	밝은 배경
점잖은 상황	형식에 구애 받지 않음
조명의 영향을 최소화	밝은 느낌
그림자 넣기가 어려움	강연장이 밝아질 수 있음
큰 강연장에서 용이함	작은 강연장에서 쓰기 좋음
개체에 후광 넣기 좋음	조명 효과 등에 좋지 않음

3. 이미지 탐색

이미지를 활용할 때 고려할 세 가지

① 내용과 어울리는 이미지를 선택한다.

② 지나치게 크면 시선을 빼앗긴다.

③ 저작권에 유의해서 활용할 것을 권한다.

이 중 가장 주의해야 할 사항은 저작권이다. 많은 강사가 무료 이미지를 제공하는 사이트를 활용하고 있는데 사이트마다 특징이 있다.

단순한 그림 이미지, 아이콘이나 애니메이션 이미지, 광고 사진, 여행 사진, 사람 관련 이미지 등을 살펴보고 슬라이드 내용에 맞는 이미지를 선택해서 활용한다. 특히 몇몇 사이트는 유료와 무료 이미지가 함께 있음을 유의해야 한다.

[무료이미지]　　　　　　　　　[무료아이콘. 사진. 픽토그램]

　　픽사베이와 언스플래쉬, 그리고 플래티콘은 무료 이미지를 다운받을 수 있는 3대 사이트이다. 다운로드할 때 반드시 'free' 이미지인지 확인하고[31] 다운받아 활용할 것을 권한다.

　　검색할 때는 한 가지 단어로 검색하지 말고 연관 단어 검색을 활용하면 더 좋은 이미지를 찾을 수 있다. 예를 들어 강사 이미지를 찾으려 하면 '강의, 선생님, 교실, 프레젠테이션, 설명' 등의 단어들을 입력해 검색해 보면 원하는 이미지에 접근할 수 있다. 영어로도 검색해 보길 권한다.

　　이미지 검색에 참고할 만한 사이트를 정리해 보았다.

사이트	특징
위키미디어 커먼즈	이미지, 음향 파일, 영상 파일 등이 있다. 한국어 지원
네거티브 스페이스	다양한 주제의 사진 이미지
디자이너스 픽스	광고, 디자인 사진

---

31) 특히 픽사베이는 스폰서 이미지와 프리 이미지가 구분되어 있다. 스폰서 이미지는 유료여서 무단으로 사용하면 낭패를 볼 수 있다.

핀테레스트	그림 이미지, 무료 회원 가입 가능
아이콘 아카이브	아이콘 이미지
얼라우투	Shutterstock 이미지 무료 평가판 가능. 워터마크
제이맨트리	도시, 자연 고화질 사진
푸디스피드	다양한 음식 사진, 한국어 지원
nonscandinavia.com	사람 이미지

4. 동영상 탐색

영상은 역시 유튜브가 접근도 쉽고 가장 많다. 영상을 다운받는 다양한 방법이 있을 수 있으나 이 행위가 법을 어기는 것인가에 대한 해석들이 다양해서 거론하진 않겠으나 다만 다운받은 영상을 다른 사람에게 나누어 준다든지 영리를 목적으로 사용하면 명백히 법을 위반하는 것이니 유의해야 할 것이다. 또 위에 제시한 영상과 이미지 관련 정보는 필자가 활용하고 있는 것들이다. 독자들이 훨씬 더 좋은 경로와 효과적인 방법을 알고 있을 것이니 참고 자료 정도로 수용해주길 바란다.

필자가 활용하고 있는 참고할 만한 사이트 몇 곳을 소개한다.

사이트	특징
미래채널	인공지능, 가상 현실, 드론, 고령화 등 주제별 영상 2,000여 개
아이디어 고릴라	창의적인 사례, 아이디어 발상 주제의 동영상 다수
생각하는 콘서트	EBS 릴레이 강연 프로그램
포스코 경영연구원	HRD나 미래 일자리 관련 영상, 논문, 리포트
카카오TV	방송 동영상

판서

판서는 학습자의 이해를 돕는 도구이니 모든 내용을 담으려 해서는 안 된다. 핵심 내용만 기재하되 내용이 많으면 미리 보드에 기록해 놓기를 권한다.

판서는 학습자의 시야를 보호해 주는 것이 가장 중요하다. 따라서 판서할 때 강사가 서는 자리가 학습자들의 시선을 가리지 않는지 유의해야 한다. 한자나 영어는 학습자들이 읽고 제대로 이해할 수 있도록 정자로 바르게 쓰고 오래 두지 말고 쉬는 시간이나 적절한 시간에 지워서 학습자들의 시야를 편하게 만들어 주어야 한다. 흘려 쓴다고 멋져 보이지 않는다. 못 알아보면 짜증 날 뿐이다.

판서를 해야 할 일이 많은데 강의장에 가보니 스크린이 보드를 가리고 있으면 난감해진다. 이럴 경우에는 이젤패드 서너 장을 앞면 적당한 곳에 미리 부착해 놓으면 보드 대용으로 활용할 수 있다.

강의 시작 전에 마커나 보드의 상태를 점검해 보는 것도 잊지 말아야 할 사항이다. 특히 지우개는 미리 살펴 상태가 좋은 것을 곁에 두자. 기록한 내용은 강의 종료 후 퇴장 전에 지우는 것이 좋다. 특히 뒤에 다른 강사의 강의가 이어지면 꼭 지우고 퇴장하자. 매너도 강의력이다.

옷차림도 전략이다

평범한 옷차림이 보는 이도 입는 이도 편하고 좋다. 하지만 어디에서나 먹히는 것은 아니다. 강사들의 옷차림과 관련해 생각해 볼 내용을 정리해 보았다.

• 질 좋은 옷을 입자.

양질의 옷을 입는 것은 사치가 아니라 투자이다. 비싼 옷을 입자는 주장이 아니다. 가격에 걸맞은 질 좋은 옷을 입자는 게다. "싼 게 비지떡"은 괜히 하는 얘기가 아니다.

• 유행을 무시하지 말자.

"나는 유행에 관심 없어."라고 말하지 말자. 유행에 관심을 두는 것은 자신이 아니라 학습자들이다. 최상의 해결책은 시대에 뒤떨어지지 않고 오래가는 옷에 투자하는 것이다. 오래전에 나온 광고 문구를 기억해보자.

"10년 입어도 1년 된 듯한 옷, 1년 입어도 10년 된 듯한 옷"

• 자신의 체형에 맞는 옷을 입자.

옷이 몸에 잘 맞지 않으면 아무리 좋은 옷이라도 부자연스럽게 보인다. 아빠 재킷 걸치지 말고 형 바지 입지 말자.

• 컬러의 조화도 고민해보자

옷이 조화롭게 어울릴 수 있어야 한다. 그렇지 않으면 옷의 전체적인 균형이 어긋나 불편해 보인다. 특히 컬러의 조화는 강사의 이미지를 두드러지게 만들기도 하고 약화시킬 수도 있다.

• 액세서리도 중요하다.

넥타이, 가방, 벨트, 양말 등의 액세서리는 자신의 이미지를 남길 수 있는 셀프 브랜딩 도구이다.

• 사소함이 전체 이미지를 망친다.
  - 닳아 해진 옷깃, 소매, 낡은 벨트
  - 다림질되지 않는 구겨진 옷
  - 넥타이, 드레스 셔츠, 옷에 남아 있는 새카만 손때나 얼룩
  - 떨어져 버렸거나 떨어지기 직전의 덜렁거리는 버튼
  - 해지거나 지저분한 신발

강사는 오랜 시간 학습자들의 시선을 받게 마련이다. 하여 균형 없는 옷차림이나 과한 색깔, 튀는 액세서리는 학습자들의 피로도를 높여 집중을 방해하는 요인으로 작용할 수도 있다.

오전과 오후 넥타이를 바꿔 매는 것은 학습자들의 지루함을 달래주는 이유 있는 정성이다.

차림의 마무리는 단연 신발이다. 자주 관리해서 사소함이 전체를 망치는 어리석음을 범해선 안 될 일이다. 호랑이 잡으려다 모기에 물려 죽는다.

표정과 제스처

자신이 느끼는 감정과 행동이 일치해야 전달의 효과가 높아진다. 하여 강사는 때로 연기자여야 한다고 제안한 바 있다.

표정은 마음을 담는 그릇이다. 심각한 상황에 처한 사람에게 매우 안타깝다는 말을 전하면서 미소 짓는 행동은 차라리 가만히 있는 것만 못하다. 즐겁고 행복한 내용은 밝고 환한 표정으로 전달해야 하고 애석하고 안타까운 내용은 그에 맞는 어투와 표정을 보여야 학습자들과 교감할 수 있다.

몸동작도 말을 이해하게 하는 보조 도구다. "이것은 말할 수 없이 좋은 기회입니다. 그러니 꼭 거머쥡시다."라고 말하면서 바닥을 내려다보며 따분하고 단조로운 언어로 말한다면 학습자의 공감을 끌어내기 어렵다. 대단히 크다고 말하면서 몸이 움츠러들고 손동작도 없으면 전달의 감흥이 줄어든다.

"최고예요! 잘하셨어요!" 하면서 엄지를 치켜세우고 박수를 유도해 보자. "너무 멋진 내용이에요. 감동 받았어요." 하면서 가슴에 손을 얹어보자. 내용과 일치하는 몸짓, 감정과 어울리는 표정은 전달의 효과를 높인다.

말과 목소리

강사의 목소리는 가장 중요한 무기다. 전달하려는 내용과 상황에 적절하게 강약과 완급이 조절되어야 한다. 그래야 학습자들도 내용에 몰입하게 된다.

누군가에게 쫓기는 기분으로 급하게 말하지 말자. 기억한 내용을 잊어버리기 전에 빨리 말하고 있다는 인상을 주어선 안 된다. 특히 짧은 시간에 너무 많은 말을 하게 되면 간혹 입이 말라 소리가 갈라지는 경우가 있고 입꼬리 쪽에 흰 거품이 생기는 경우도 보게 된다. 어느 경우이든 학습자의 입장에서는 편해 보이지 않는다. 적당한 속도를 유지하고 간간이 물을 마셔 소리의 갈라짐을 방지해야 한다.

중요한 순간에는 잠시 멈추어 보자. 의도적 침묵(Intentional Silence)은 학습자의 집중을 끌어낼 수 있다.

발음이 어려운 문장이나 외국어는 천천히 말해 전달력을 높이길 권한다. 평소 턱과 구강의 근육도 간단한 체조를 통해 단련시켜 주어야 한다. 그래야 공명 있는 좋은 소리를 낼 수 있다.

집에서 가볍게 할 수 있는 구강 체조

① 잇몸과 입술 사이에 혀를 넣어 좌로 5번, 우로 5번씩 크게 돌려준다.

② 혀로 양 볼을 힘 있게 좌우 각 10초씩 안에서 밖으로 누른다.(알사탕 넣은 모양이 되도록)

③ "아" 하는 소리를 내며 입을 크게 벌린다. 이때 입을 벌린다는 기분보다

입안 구강을 넓힌다는 기분을 가지고 벌려야 한다. 입을 벌려 소리를 내며 10초간 유지한다.

④ 모음 "아에이오우"를 각각 10초씩 소리를 내며 입을 벌리되 이때도 입을 크게 하는 것보다 입안 구강을 넓힌다는 기분으로 한다.

⑤ 세수하면서 손으로 혀를 잡아빼본다. 길게 늘어나진 않지만 조금 이완되는 느낌이 든다.

⑥ 숨을 내쉬되 중간에 그치지 말고 가능하면 오랜 시간 끝까지 내쉬어본다. 위에 제시한 동작들은 잘 쓰지 않는 안면 근육을 이완시키는 효과가 있다. 아침에 하는 것이 좋고 잊었으면 강의 시작 전에라도 해보길 권한다. 필자는 좋은 효과를 보고 있다.

보조 도구의 사용

• 프레젠터(일명 '꾹꾹이')는 손의 크기에 적절하고 파지감이 좋은 것을 선택하자. 평소 자주 사용해 버튼의 위치를 익혀 마치 몸의 일부인 양 유연하게 다룰 수 있어야 한다. 슬라이드를 넘길 때 자주 고개를 떨궈 프레젠터 버튼을 확인하면 어색해 보인다. 슬라이드에 제시된 내용을 레이저로 가리킬 때는 한 번 정도 영역을 표시하는 것으로 그친다. 정신없이 상하좌우로 흔들어대면 어지럽고 가벼워 보인다.

애니메이션을 실행하거나 슬라이드 화면을 전환할 때 프레젠터를 누르는 타이밍도 강의를 유연하게 진행하는 대단히 중요한 기술이다. 특히 펜싱 경기하듯 컴퓨터 쪽을 가리키며 전환 버튼을 누르는 것은 삼가야 할 습관이다. 새로 구입할 계획이 있으면 최소한의 기능이 있는 것을 선택하되 레이저는 적색보다 초록색의 가독성이 더 좋다.

• 마이크는 강의 시작 전 반드시 작동해 보자. 특히 무선 마이크는 켠 채로 강의장을 돌아다녀 보길 권한다. 강의장 특정 구역에서 간혹 듣기 싫은 잡음이 날 수도 있다. 예비 배터리를 확보해서 강의 중간에 배터리를 교체하는 일이 없도록 하자.

유선 마이크는 선을 어디까지 길게 늘일 수 있는지 확인해 두어야 움직임의 정도를 참고할 수 있고, 테이블 위에 마이크를 내려놓을 때는 항시 전원을 끄고 내려놓아야 불편한 잡음을 방지할 수 있다.

• 쉬는 시간이 종료되거나 팀 활동을 끝내고 다시 진행하고자 할 때 학습자들을 집중시키기 위해 "자, 집중하세요." 하고 소리를 크게 내거나 책상을 두드리는 것보다는 벨 같은 도구나 시작하는 음악을 활용해 보자.

• 요즘은 강의장 환경이 좋아져서 멀티테이블을 사용하는 강의장이 점차 확산하고 있는 추세다. 사전에 미리 강의장에 도착해서 사용 방법을 익혀 두어야 어려움을 겪지 않는다. 프로젝터의 동작뿐 아니라 마이크의 음량과 강의장 조명까지도 테이블에서 조절할 수 있다.

• 자신의 노트북 컴퓨터를 사용할 경우 강의장 환경과 시스템을 잘 살펴 연결할 수 있는 케이블과 커넥터를 준비해야 한다. RGB나 HDMI 연결 도구들이 없어 난감해 하는 경우를 자주 본다.

진행하면서 조심해야 할 표현들

필자가 진행하는 리더십 강의 중에 결정의 주도성을 강조해서 이야기할 때 몇 가지 예를 들어 접근하는데 그중 하나가 자동차다. 내가 타던 차는 96년식이었는데 이제 이곳저곳 탈이 나고 고장이 잦아 차를 바꿀 생각을 하고 있던 터였다. 평소 쏘울이란 차가 맘에 들어 눈여겨보기도 하고 제주도 가족 여행 때는 렌트로 빌려 운행도 해 보니 더할 나위 없이 좋은 차였다. 적어도 내게는 그랬다. 크기도 그리 크지 않아 주차도 편하고 가격도 그리 비싸지 않으니 부담도 적고 이래저래 좋은 선택지로 가지고 있었다.

우연히 동기들과 차 이야기를 나누다 쏘울 얘기를 했더니 하나같이 반응이 별로였다. "그 나이에 쏘울이 뭐냐, 쏘울이. 이제 제네시스 정도는 타야지."부터 "채신없어 보인다."는 핀잔까지 충고와 설득이 이어졌다.

나는 이 사례를 체면 문화가 발현되는 '타인 지향성'으로 이야기하면서 스스로 만든 기준으로 주도적 선택을 하라는 취지로 강의를 이어가곤 했다.

그날도 학생들을 대상으로 이야기를 풀어가는 중이었다.

"제 차는 19년이 되었답니다. 오래되다 보니 가끔 문이 안 열리고 유리창이 올라가지 않으니 어떤 땐 비 오는 날 차 안에서 샤워하는 낭패를 당하기도 합니다. 차를 바꾸기로 했는데 평소 좋아하는 쏘울이란 차를 사려 했더니 친구들이 하나같이 떼로 말리는 겁니다. 아니 내가 쏘울이 좋다는데 지들이 왜 지X들인지 알다가도 모를 일입니다."

순간 모골이 송연해졌다. 아차 싶었다. 아무리 생각해도 '지X'이란 표현은 좀 심했다. 평소 잘 알고 지내던 학생들이어서 별 거리낌 없이 편하게 강의를 풀어가던 차에 너무 풀어졌던 것이다.

강사들의 지나친 농담이나 단정적이고 과격한 표현이 청중과의 거리를 좁히고 친밀감을 높인다고 착각하는 수가 종종 있다. 특히 유머를 쓴다고 수위 높은 성적 표현을 남발하거나 욕설이 섞인 표현들을 자주 쓴다면 강의는 격이 떨어지고 저질의 상품으로 전락해 버리고 만다. 이뿐만 아니라 강의 중 별생각 없이 쓰는 말 중에 삼가야 할 표현들이 적잖이 있는데 자주 쓰는 표현 중 몇 가지를 모아보자.

모둠 활동으로 토론하고 과제 수행 결과물을 만들 때 '작업'이라는 표현을 하는데 '활동'이란 표현이 적절하다.

'요게', '요 site가'는 '이것이', '이 site가'로, '고 부분'은 '그 부분', '앞전 시간'은 '이전 시간', '앞 시간', '지난 시간' 등으로 바꾸어야 할 것이다.

'이제'와 '인제'는 그 용례가 어떻게 다를까? '이제'는 지나간 때와 단절된 느낌을 주는 경우 '바로 이때'의 뜻이고 반면 '인제'는 시간의 흐름을 감안해 "나도 인제 나이가 들었으니 건강을 신경 써야겠다."처럼 '이제에 이르러'라는 의미로 쓴다.

'여러분들!'이라는 표현은 국어연구원의 해석에 따르면 틀린 것은 아니지만 복수의 중첩이라는 의미에서 권장하지는 않는다는 입장이다. '가리키다'와 '가르치다', '틀리다'와 '다르다', '너무'와 '매우', '일절'과 '일체' 등도 조심해서 써야 하는 표현들이다.

우리말이 너무 어렵다고 불만이지만 영어 문법 타박하는 경우는 잘 보지 못했다. 우리말 우리글 아닌가?

강의를 마치면서 나는 학생들에게 과격했던 표현에 대해 정중하게 사과했다.

이런 강사 꼴불견[32]

• 강사 개인의 신념과 경험을 마치 문제 해결을 위한 최적의 정답인양 단호하게 표현하는 것은 매우 위험한 접근이다. 사람은 누구나 소중한 개인이며 같은 현상을 모두 다르게 본다. 강사 자신이 세상을 보는 패러다임을 어떤 경우라도 학습자들에게 강요해서는 안 될 일이다.

• 학습자들은 다양한 질문을 던진다. 질문의 과정에서 학습자의 발언을 자르고 미리 짐작해서 답을 제시하는 것은 매우 위험하다.

• 사진 찍는 것이 부담스러우면 시작 전 미리 양해를 구하는 것이 좋다. 아무 안내가 없어 괜찮은 줄 알고 사진을 찍는 학습자에게 빈정거리는 말투로

"사진 찍지 마세요~~저작권 있어서 못 쓰십니다."

하는 것은 자칫 학습자의 마음을 다치게 할 수 있다.

• 청중 한 명하고만 계속해서 관계를 형성하는 것은 다른 학습자들에 대한 소외를 가져올 수 있다. 질문도 한 사람보다는 모든 학습자를 대상으로 하는 것이 좋고 시선 처리도 강의장 전체를 아우르는 것이 좋다. 밥 파이크

---

32) 필자가 진행하는 퍼실리테이션 기법 강의에 참여한 학습자들로부터 나온 내용들이다.

는 창의적 교수법에서 8자형 시선 처리를 권하고 있다.

• 학습자들은 배우러 온 사람들이다. 강의하는 내용에 대해 강사보다는 전문성이 떨어질 수도 있고 접근하는 정보에도 한계가 있을 수 있다. 그렇더라도 마치 아무것도 모르는 초등학생 대하듯 수준을 무시하는 것은 학습자들의 외면과 반감을 불러올 수 있다. 어떤 경우이든 학습자들을 존중하고 그들의 학습에 대한 선한 의지와 실현 경향성을 신뢰해야 한다.
'신뢰'의 반대는 '불신'이 아니라 '통제'임을 잊지 말자.

• 향수를 사용하는 것은 좋으나 너무 강한 향은 사용하지 않는 것이 좋다. 담배 냄새는 특히 조심해야 한다. 냄새보다는 향기를….

• 강의를 자기 자랑으로 일관하는 강사를 종종 만난다. 자랑 끝에 불붙는다고 지나치면 고개를 돌리는 법이다.

• 지각하는 강사는 강사로서의 기본이 갖춰져 있지 않은 사람이다. 어떤 경우라도 지각은 금물!

• 의상도 프레젠테이션이다. 너무 짧은 스커트를 입거나 부담스러운 부츠 차림은 거부감이 들게 할 수 있다. 편하게 입는 것은 좋으나 도를 넘어 동네 마트에 가거나 나들이 가는 듯한 차림은 학습자를 무시하는 처사로 보인다.

• 강의 내내 권위적으로 지시하는 듯한 표현을 사용하는 것은 학습자들을 불편하게 한다.

• 외국어를 남발하거나 한자를 지나치게 사용하는 것도 유의해야 한다. 특히 외국어나 한자는 판서할 때 정자로 쓰자.

• 뒤에서 설명한다고 말해놓고 정작 다루지 않고 강의를 끝내지 말고 부족한 부분은 없었는지, 추가로 궁금한 사항은 없는지 질문을 통해 확인하고 약속한 것은 지키자.
말한 사람은 잊을 수 있지만 듣는 사람들은 기억한다는 사실….

• 시간 없다고 계속 말하면서 정작 강의 내용과 별 상관없는 이야기로 일관하면 학습자들은 의아해 할 것이다.

• 주머니에 손을 넣은 자세를 유지하거나 교탁에 기대 짝다리를 짚는 자세는 주의해야 한다.

• 슬라이드는 학습자의 이해를 돕는 도구이지 낭독 원고가 아니다. 자꾸 뒤돌아보지 말자. 슬라이드는 커닝 페이퍼가 아니다. 강의 내내 슬라이드 화면을 보면서 내용을 그대로 읽으려면 이렇게 말하라. "제 강의 내용은 슬라이드를 참고하세요."라고.

• 학습자의 연령대나 특성에 따라 적절한 내용을 제시해야 하는 것은 기본이다. 중장년이나 청년층이나 남성이나 여성이나 세 시간짜리나 3일짜리나 모두 같은 내용이면 공부하지 않고 준비도 하지 않는 강사다.

• 학습자 집단과 관련한 표현이나 정치나 종교, 그리고 지역과 성별과 관련된 민감한 내용은 사전에 충분히 살펴 조심하는 것이 좋다. 특히 토론의 장

으로 이슈화하면 자칫 대립하는 논란으로 확대될 수 있어 주의를 요구한다.

• 적어도 한 시간 전에 강의장에 도착해 모든 사항을 세밀하게 살펴 준비를 마치고 강의가 끝난 후에는 학습자들과 인사를 나누고 맨 나중에 나오는 것이 기본이다. '한 시간 전'을 제안하는 이유는 준비하는 과정에서 어떤 문제가 발견되었을 경우 조치할 시간을 벌기 위함이다.

• 학습자들에게 은연중 평가와 관련해 좋은 평가를 유도하는 듯한 발언은 삼가야 한다. 구차스러워 보인다.

• 습관적으로 반복되는 간투사나 간투어는 학습자들의 집중을 방해하고 이해력을 저하시키는 요인이다.

• 마이크를 대고 습관적으로 숨을 들이켜는 강사들이 있다. 조심해야 한다.

• 교탁을 사수하는 것도 답답하지만 강의장을 이리저리 지나치게 이동하는 것도 산만해 보인다.

• 필자도 동영상과 파워포인트 실습을 강의하지만 실습에 참여하는 학습자들의 수준은 균일하지 못한 게 당연하다. 따라서 강사는 이런 특성을 고려하여 조금 진행이 오래 걸리는 학습자라 하더라도 한숨을 쉬거나 외면해서는 안 된다.

• 사과는 정확하고 빠를수록 좋다. 애매하게 말하지 말자. 잘못했다고 말하자. '유감'이니 '안타까우니' 하는 것은 높은 것들의 거만한 갑질이다.

"잘못했습니다.", "제가 실수했습니다." 하면 될 것을 유감이라는 애매한 표현으로 에둘러 간다고 학습자들의 불편이 없어지지 않는다. 질문에 대답하기 어려우면 준비 부족을 사과하고 진행이 매끄럽지 않으면 즉시 잘못을 인정하자.

• 강사도 함께 참여하자.

체조해보자고 해놓고 자기는 강의장 밖을 들락거리고 동영상 보게 해놓고 휴대전화 힐끔거려 확인하고, 모둠 활동 하게 해놓고 자기는 다른 거 한다. 체조도 함께하고 동영상도 같이 보자. 조별 활동은 잘 되는지 어려움은 없는지 둘러보는 살핌이 중요하다.

• 가장 먼저 들어가고 가장 나중에 나오자.

진행 준비가 끝나면 입장하는 참가자들을 반갑게 맞으며 꼬꼬Talk을 실천해 보자. 강의가 끝나면 퇴장하는 학습자들에게 인사를 건네고 가장 나중에 나가자. 조금 늦게 나가도 늦는 게 아니다.

• 불안하면 약속하지 말자.

"연구실에 놀러 오세요. 저녁 삽니다."

"도움이 필요하신 분 연락주세요."

"자료는 메일로 보내드릴게요."

진짜 올까 불안하면 약속을 말고 공수표 날릴 거면 보내준다 말하지 말자. 학습자들은 매일 메일을 기다릴지 모른다.

읽어봅시다

매슐린과 챠슈코프는 와시코질렌할네 집 거실 쇼파에 누워 라흐마니노프의 피아노 콘체르토 선율이 흐르는 영화 퍼스트레이디를 보면서 켄터키 프라이드 치킨, 프렌치 포테이토 칩, 파파야를 폭풍 흡입하고 있었다.

*****

- 어려운 발음은 의도적으로 천천히
- 예시는 3개를 넘지 않게
- 사례는 하나씩 끊어서 정확하게

클로징(Closing)의 의미와 구성

> "클로징은 [   ]다."

독자 여러분은 [   ]에 어떤 말을 채우시려는가?

클로징은 학습자들의 변화와 성장을 위해 행동을 촉진하는 기능을 해야 한다.

오프닝은 관심 유발

강의 본론은 관심 유지

클로징은 행동 유발

앞서 필자는 몇 개의 도시를 제시하고 19번째 도시와 27번째 도시를 질문했다. 처음과 마지막 도시였던 조치원과 제주를 기억하시는가?

마지막 정보가 더 큰 영향을 끼치는 현상을 심리학에서는 최종 정보 효과 (Recency effect)라고 한다. 인간은 누구나 예전에 들었던 좋은 말은 까맣게 잊고 마지막에 들은 기분 나쁜 말만 기억하는 속성이 있다. 그래서 칭찬을 나중에 하라고 주문한다.

신근효과(新近效果)도 있는데, 사람은 여러 정보를 얻을 경우 마지막으로 얻는 것에 가장 크게 좌우되는 경향이 있다는 이론이다. '불후의 명곡'과 같은 가요 경연 프로그램에서 출연 가수들이 마지막 순서를 선호하는 이유가 여기에 있다. 마지막쯤 되면 첫 번째 노래는 아스라해지기 마련이니 말이다. 그래서 강의도 마무리가 무엇보다도 중요하다.

오프닝이 학습자를 강의 안으로 끌어들이는 역할이라면 클로징은 학습자를 행동하게 만드는 도구이다. 클로징은 참여자들에게 공이 넘어가는 단계이다. 참여자들에게 공이 넘어가면 강사는 아무것도 할 수 없다. 시간을 되돌릴 수도 없고 실수를 만회할 수도 없다. 강의는 끝났는데 퇴장하는 학습자들에게

"저기요 제가 아직 할 말이 있는데요…."

하고 붙잡아봐야 그들은 돌아오지 않는다.

클로징은 **Start** 다 !!

클로징은 학습자를 **변화와 성장**을 위해 **행동**하게 촉진하는
또 다른 **출발점**입니다.

클로징은 학습자들에게 공이 넘어가는 단계이지만 행동을 유발한다는 관점에서 끝이 아니라 시작(Start)이다. 학습자들의 변화와 성장을 위해 행동을 촉진하게 하는 또 다른 출발점인 것이다.

클로징의 구성

클로징 구성의 3요소
리뷰(Review), 격려(Encourage), 메시지(Message)

1. 정리하기(Review)

앞서 필자는 오프닝에서 꼭 개관을 이야기해 주어야 한다고 강조한 바 있다. 클로징에서도 꼭 잊지 말아야 할 것이 강의 내용을 정리해 보는 것이다.(Review)

강의 내용을 전체적으로 한 번 더 살피고 중요한 개념이나 내용을 정리해 보게 하는 것이 클로징의 핵심이다. 이는 강의에서 전달하려고 했던 핵심 개념을 학습자들이 제대로 이해하고 활용할 수 있는가를 알아보는 기준이 되기도 할 뿐 아니라 프로그램의 목적이 달성되었는가를 평가하는 잣대가 된다.

2. 보충하기

이와 함께 학습자들의 이해가 부족한 부분을 확인해 보고 설명을 보충해 주거나 참고할 만한 정보나 문헌들을 제시해 주는 것이 좋다.

3. 축하와 격려(Encourage)

프로그램을 마치면서 느끼는 학습자들의 소감을 함께 나누거나 감사할 사람에 대해 고마움을 표현하면서 마치는 것도 좋은 방법이다. 강의를 마치면서 그간의 고생과 고마움을 서로 나누는 것은 학습자 간의 관계를 형성하는 도구일 뿐 아니라 스스로를 격려해 행동과 성장을 동기화하는 방법으로 활용할 수 있다.

강의를 마치고 자신의 성장을 위해 당장 실천할 내용을 함께 이야기 나누고 서로 실천을 격려하는 것도 활용해 보자.

4. 메시지(Message)

메시지는 학습 전이(Learning Transfer)를 통해 학습자들의 성장을 위한 동기를 부여하고 행동을 촉진하는 중요한 도구이다.

메시지(Message)

① 변화와 성장을 동기화하고 촉진하는 도구이다.

② 성장을 위한 행동 유발의 자극제이다.

③ 간결하고 긴 여운이 남도록 구성해야 한다. 장황해지면 집중이 흩어지고 효과는 반감된다.

④ 대상에 적절한 내용으로 구성하자. 청년층 학습자들에게 삶의 마무리 관련 내용을 제시하거나 장년층 학습자들에게 감당키 어려운 무거운 도전의 과제를 남긴다면 외면하게 된다.

⑤ 들으면 가슴 뛰는, 희망 있는 메시지를 전하자. 자극적이고 충격적 메시지는 절망만을 남긴다.

리뷰(Review) 기법

망각 곡선 이론을 주장한 독일의 심리학자 헤르만 에빙하우스(Hermann Ebbinghaus)는 학습 후 10분 후부터 망각이 시작되며, 1시간 뒤에는 50%를, 하루 뒤에는 70%를, 그리고 한 달 뒤에는 80%를 잊어버린다고 말한다. 한꺼번에 몰아서 통째로 외우는 건 소용없음을 알 수 있다. 한 달쯤 지나면 어차피 80%는 잊어버리는 게 인체의 당연한 순리이기 때문이다.

이러한 망각으로부터 기억을 지켜내기 위해서는 복습이 중요한데 10분 후에 복습하면 1일 동안 기억되고 다시 1일 후 복습하면 1주일 동안, 1주일 후 복습하면 1달 동안, 1달 후 복습하면 6개월 이상(장기기억) 기억된다. 그래서 학습한 내용을 장기적으로 기억하려면 반드시 10분 후 복습, 1일 후 복습, 1주일 후 복습, 1달 후 복습이 필요하다고 주장한다.

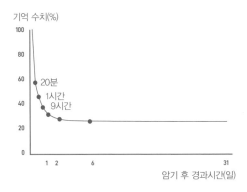

《심리학용어사전》데이비드 스탯, 끌리오, 1999

따라서 강의에서 나왔던 중요한 내용을 학습자들이 그나마 조금이라도 오래도록 기억하게 하려면 강의를 마무리하면서 그간 학습한 내용을 정리할 수 있는 시간을 가지는 것이 좋다. 이는 학습자들이 이해의 수준을 스스로 느끼고 부족한 부분을 보충하는 과정을 통해 학습 전이(Learning Transfer)가 일어나 새로운 지식이 구성되고 성장을 위한 행동을 촉진하게 한다. 그뿐만 아니라 강의를 통해 전달하려고 했던 핵심 개념을 학습자들이 얼마나 이해하고 있는가를 확인해 볼 수 있는 평가의 기능도 가진다.

몇 가지 방법들을 제시해 본다.

> **학습 전이(Transfer of Learning)**
>
> 교육을 전달받고 학습 내용을 유지하고, 현업으로 돌아가서 학습한 내용을 실행에 옮기는 일련의 과정을 의미한다. 하나의 맥락(context)에서 이루어진 학습이 그후 다른 맥락에서의 학습 효과에 영향을 미치는 것으로 앞에 실시했던 학습이 뒤에 실시할 학습에 영향을 주는 것을 의미한다.
>
> 《HRD 용어사전》 한국기업교육학회, 중앙경제, 2010

2인 학습

2인 학습은 동료에게 설명해 보는 Peer Teaching 기법이다.

리뷰(Review)하는 다양한 기법들이 있지만 이중 단연 효과적인 것은 서로 설명해 보는 것이다. 학습 피라미드에서도 제시했듯이 가장 오래 기억에 남는 것은 설명해 보는 것이다.

아주대학교 김경일 교수는 "안다고 하는 것은 관련 지식이 많은 것이 아니라 또래나 어린 학생들에게 막힘없이 설명할 수 있어야 진짜 아는 것"이라고 말한다.

공부는 30%는 눈으로, 70%는 입으로 하는 것이다.

- 두 사람씩 짝을 만들고 순서를 정한다.

- 주제를 제시해 주고 서로 교대로 설명해 보게 한다.

- 주제도 스스로 선택하게 하는 것이 좋다. 3∼4개의 주제를 제시해 주고 서로 다른 것을 선택해서 설명한다.

- 설명을 듣고 서로 빠진 부분이나 부족한 부분을 피드백하는 것도 좋다.

밥 파이크는 창의적 교수법에서 '3인 학습'을 제안하고 있다. 방법은 2인 학습과 동일하고 세 번째 사람은 관찰자가 되어 설명하는 내용을 잘 듣고 오류가 있는 부분이나 보충할 부분을 피드백하는 것이다.

윈도우 페인(Window Pane, 유리창틀 기법)

강의 내용 중 기억나거나 중요한 개념을 간략한 이미지로 표현해 보는 것이다. 밥 파이크가 창의적 교수법에서 제시한 것인데 강의 전체 내용을 돌아보게 하는 도구로 많이 활용되고 있다.

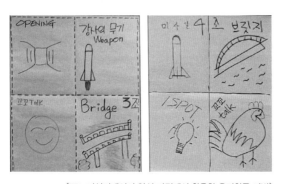

[FBL 퍼실리테이터 양성 과정에서 활용한 유리창틀 기법]

- 모둠별로 이젤패드 한 장씩을 나누어 준다.(4절지를 활용해도 좋다.)
- 양식에 모둠의 인원수대로 칸을 만든다.

- 각자의 칸에 강의 내용 중 기억나는 것을 이미지로 표현해 본다.
- 감정 상태나 느낌을 표현하지 않도록 명확히 안내하는 것이 중요하다.
- 숫자나 문자를 표현하지 않게 룰을 제시하고 다 작성했으면 모둠별로 이야기를 나눈다.
- 모둠 활동이 종료되면 결과물을 벽면에 부착하고 돌아가면서 어떤 내용을 표현한 것인지 맞춰보는 활동을 해도 좋다.
- 중요한 사항은 강사가 다시 한 번 보충 설명해서 내용을 기억하도록 도와주는 것도 시도해 보자.

초성 리뷰(Review)

강의에서 제시되었던 중요한 내용이나 핵심 개념들을 초성으로 제시하고 이를 퀴즈 형식으로 맞춰본다. 예를 들면 경청의 경우는 'ㄱㅊ'을 제시하여 맞추게 하고 개념을 설명하게 하는 것이다.

ㅂㄹㅈ	Bridge
ㅍㅇㅍㅇㅌ	파워포인트
ㄱㅈㄱㅇㅇㄱ	고저강약완급
ㄱㄷㅅ	가독성
ㅍㅅㄹㅌㅇㅅ	퍼실리테이션

- 위의 사례처럼 중요한 내용이나 핵심 개념을 초성으로 제시하고 맞춰보게 한다.
- 몇 가지 질문을 제시하고 답을 들어본다.
예를 들어 브릿지 같으면 "브릿지는 어떤 기능을 하나요?", "어떤 형태들이 있지요?", "우리 강의에서 활용한 사례는 어떤 것들이 있었나요?" 등의 질문을 통해 함께 이야기해 본다.

이렇게 활용해도 좋다. 초성 퀴즈로 내용을 공개하고 모둠별로 각자 제시된 주제 중 하나씩을 중복 없이 선택하게 한 후 선택한 주제에 대한 내용을 각자 돌아가면서 모둠 인원들에게 설명해 본다. 일종의 피어 티칭(Peer Teaching) 기법이다.

초성 리뷰(Review)의 확장

한글 초성 'ㄱ'부터 'ㅎ'까지 있는 양식을 나누어 주고 각각의 초성에 해당하는 강의 내용을 기록해 보는 방식이다. 해당 초성으로 시작되는 단어나 문장, 개념 등 무엇이든지 가능하다.

예를 들면 'ㄱ'은 '가독성'(파워포인트 구성의 3요소 중 가장 중요한 것), 'ㄴ'은 '내가 먼저 젖어야 한다.' 등을 기록할 수 있을 것이다. 교재를 보고 찾도록 하는 것이 좋은데 찾으면서 교재 여기저기를 살피게 되어 기억이 소환되는 효과가 있다.

강의를 마치고 기억나는 단어나 내용을 기록해 봅시다.

초성	내용	Page	초성	내용	Page
ㄱ			ㅇ		
ㄴ			ㅈ		
ㄷ			ㅊ		
ㄹ			ㅋ		
ㅁ			ㅌ		
ㅂ			ㅍ		
ㅅ			ㅎ		

– 서식을 만들어 사용할 것을 권한다. 현장에서 해 보니 A3 정도의 크기여도 진행이 무난하다.

낱말 카드 이용하기

　중요한 개념이나 내용을 낱말 카드로 만들어 문장을 완성해 보는 형식이다.

　윈편의 카드는 베이비부머를 대상으로 진행하는 생애 설계 프로그램의 마무리에 활용하고 있는 카드이다. "나라의 융성이 나의 발전의 근본임을 깨달아 스스로 국가 건설에 참여하고 봉사하는 국민 정신을 드높인다."라는 문장을 카드로 만들어 각 모둠에 나누어 주고 함께 문장을 완성해 보는 것이다.

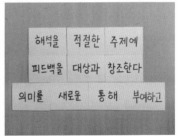

　이 문장은 국민교육헌장의 일부로 베이비부머 세대는 저 문장을 외우면서 살아온 세대들이다. 내용을 잘 들여다보면 그들의 삶이 보인다. 나라가 잘되어야 나도 있다는 이데올로기 속에 자신의 꿈보다는 증산, 수출, 건설이라는 나라의 목표에 산업 전사라는 이름으로 젊음을 바쳤던 이들이다.

　지금 젊은 사람들은 우리는 사랑받기 위해 태어났다 노래하지만 이들은 '민족중흥의 역사적 사명을 띠고 이 땅에 태어난' 세대들인 것이다. 이렇게 살아온 이들의 생애 경로를 다시 한 번 되새겨보고 이후의 삶을 어떻게 살아갈 것인가 생각해 보는 도구로 활용하고 있다.

독자들도 각자 가지고 있는 콘텐츠의 중요한 내용을 카드로 만들어 활용해 보길 권한다.

오른쪽에 있는 카드로 문장을 만들어 보자. 어떤 내용이 기억나시는가?(힌트: 스팟의 구성)[33]

'이해'의 진정한 의미

백워드 설계(Backward design)를 제시한 위긴스(Wiggins)와 맥타이(McTighe)는 이해를 지식의 '완전한 습득'과 '유연한 적용'으로 규정한다. 학습자들이 습득한 지식을 서로 연관지어 새로운 의미를 구성하고, 새로운 상황에 유연하고 유창하게 적용시킬 수 있을 때에 '이해'에 도달했다고 한다. 즉 수행의 의미를 강조한 것이다.

이는 '행함으로서 배운다.(learning by doing)'와 맥락을 같이한다. 행함은 단순한 활동이 아니라 사고를 포함하는 수행(Perform)을 의미하는 것이어서 이해의 평가는 수행 능력을 보는 것이어야 한다. 따라서 이해는 한 가지 측면으로 정의될 수 있는 단순한 개념이 아니라 다양한 측면으로 구분할 수 있는 복합적 개념이어서 이를 설명(explanation), 해석(interpretation), 적용(application), 관점(perspective), 공감(empathy), 자기 지식(self-knowledge)의 6가지 측면으로 구분하여 제시하고 있다.

이는 평가의 측면에서 학습자의 진정한 이해의 도달 정도를 파악하기 위한 기준이 된다.

〈실과 실천적 문제 중심 수업 설계 모형 개발〉(이은영, 2018),
〈백워드 디자인에 기반한 교육 연극 적용 수업〉(권미옥, 2019)에서 참조

---

33) "대상과 주제에 적절한 해석을 부여하고 피드백을 통해 새로운 의미를 창조한다" 스팟의 구성 원리이다.

이미지 이용하기

강의 중에 제시했던 중요한 이미지를 제시하고 어떤 내용인가를 찾아 이야기해보는 형식이다. 교재를 활용해 찾아보게 하는 것이 좋고 찾는 과정에 내용을 가볍게 다시 볼 수 있어 복습의 효과가 있다. 제시된 그림은 필자가 진행하는 퍼실리테이션 기법 강의에 제시한 이미지들이다.

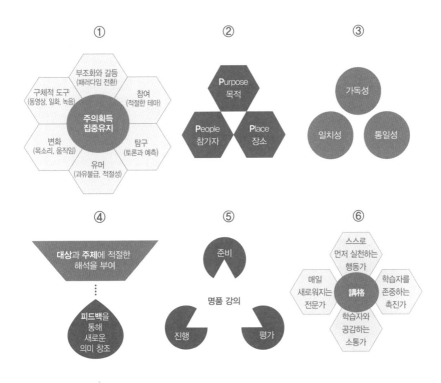

- 모둠별로 각자 한 개의 번호를 중복 없이 선택한다.
- 이미지를 제시하고 각자 선택한 번호에 맞는 내용을 찾아 팀원들에게 돌아가면서 설명한다.
- 교재를 보고 설명하도록 룰을 제시하는 것이 좋다.

클로징 기법들

클로징은 참여자들에게 공이 넘어가는 단계라 설명한 바 있다. 이 돌이킬 수 없는 마지막 기회를 "제 강의를 들어주셔서 감사합니다", "긴 시간 수고 하셨습니다"와 같은 인사치레로 날려버리기에는 너무나도 중요한 시간이다. 다시 보고 싶은 영화처럼 오래도록 기억에 깊이 남고 학습자들을 결심하게 하고 행동하게 하는 울림이 있는 클로징을 설계해보자.

편지 형식으로 마무리하기

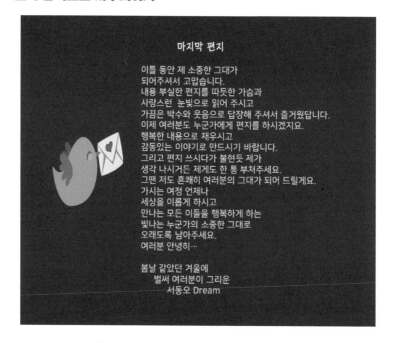

마지막 편지

이틀 동안 제 소중한 그대가
되어주셔서 고맙습니다.
내용 부실한 편지를 따뜻한 가슴과
사랑스런 눈빛으로 읽어 주시고
가끔은 박수와 웃음으로 답장해 주셔서 즐거웠답니다.
이제 여러분도 누군가에게 편지를 하시겠지요.
행복한 내용으로 채우시고
감동있는 이야기로 만드시기 바랍니다.
그리고 편지 쓰다가 불현듯 제가
생각 나시거든 제게도 한 통 부쳐주세요.
그땐 저도 흔쾌히 여러분의 그대가 되어 드릴게요.
가시는 여정 언제나
세상을 이롭게 하시고
만나는 모든 이들을 행복하게 하는
빛나는 누군가의 소중한 그대로
오래도록 남아주세요.
여러분 안녕히…

봄날 같았던 겨울에
벌써 여러분이 그리운
서동오 Dream

앞서 사례로 소개한[34] '가을 편지'라는 노래로 오프닝 했던 강의에서 필자는 '가을 편지' 기타 연주를 배경으로 편지 형식의 글을 화면에 올리면서 강의를 마쳤다.

이틀 동안 제 소중한 그대가

되어주셔서 고맙습니다.

내용 부실한 편지를 따뜻한 가슴과

사랑스런 눈빛으로 읽어 주시고

박수와 웃음으로 답장해 주셔서 즐거웠답니다.

이제 여러분도 누군가에게 편지를 하시겠지요.

행복한 내용으로 채우시고

감동 있는 이야기로 만드시기 바랍니다.

그리고 편지 쓰시다가 불현듯 제가

생각나시거든 제게도 한 통 부쳐주세요.

그땐 저도 흔쾌히 여러분의 그대가 되어 드릴게요.

가시는 여정 언제나 세상을 이롭게 하시고

만나는 모든 이들을 행복하게 하는

빛나는 누군가의 소중한 그대로

오래도록 남아주세요.

여러분 안녕히…

봄날 같았던 겨울에

벌써 여러분이 그리운

서동오 Dream

---

34) 104 페이지 참고

이미지 카드 활용하기

모둠별로 이미지 카드를 나누어 주고 강의를 마치면서 드는 느낌에 어울리는 카드 한 장씩을 선택하게 하고 돌아가면서 카드를 가지고 소감을 나누는 것이다.

시중에 판매하는 제품들이 있으나 가격이 가혹하다. 직접 찍어서 활용하길 권한다. 필자도 직접 찍은 사진을 활용하고 있다.

시나 경구, 명언 등을 활용하기

강의 주제와 잘 어울리는 시나 경구를 활용해서 클로징해보자.

사무엘 울만이라는 독일 시인의 시 '청춘'은 중장년을 대상으로 하는 생애설계 프로그램의 클로징 소재로 잘 어울린다.

청춘

청춘이란 인생의 어떤 기간이 아니라 마음가짐을 말한다
장미의 용모, 붉은 입술, 나긋나긋한 손발이 아니라
씩씩한 의지, 풍부한 상상력, 불타오르는 정열을 말한다

청춘이란 두려움을 물리치는 용기, 안이함을 뿌리치는
모험심을 말한다
나이를 더해가는 것만으로 사람은 늙지 않는다
이상을 잃어버릴 때 비로소 늙는다
세월은 피부에 주름살을 늘려 가지만
열정을 잃으면 마음이 시든다
고뇌와 실망에 의해 기력은 땅을 기고
정신은 먼지가 된다

영감이 끊기고, 정신이 아이러니의 눈에 덮이고
비탄의 얼음에 갇혀질 때
20세라도 인간은 늙는다
머리를 높이 치켜들고 희망의 물결을 붙잡는 한
80세라도 인간은 청춘으로 남는다

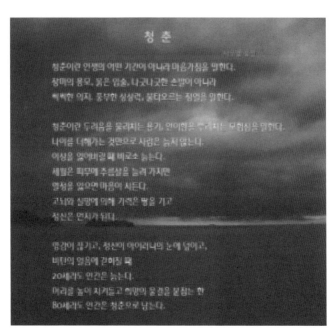

[시와 음악을 활용해 구성한 화면]

배경에 어울리는 음악과 애니메이션 효과를 활용해 구성해 보자.

함께 노래하며 마무리하기

강의 주제와 어울리는 가사를 가진 노래를 활용해 보자. 중장년 퇴직자를 대상으로 하는 구직 역량 강화 프로그램에 필자는 서유석이라는 가수의 노래 '너 늙어봤냐 나는 젊어 봤단다'는 노래를 활용한다. 리듬이 경쾌하고 "나는 새 출발이다"가 반복되는 가사도 제법 의미 있다. 현장에서 이 노래를 마무리로 틀면 어느새 모두 박수치며 따라 하면서 중간에 그치지 못하게 한다. 상대적으로 나이가 어린 청년층 대상의 프로그램에는 윤도현의 '나는 나비'를 활용해 보니 반응이 좋았다.

비행기 날리기

- 색종이를 준비해서 일 인당 1장씩 나누어 준다. (A4 반만 한 크기면 좋다. 다양한 색깔을 준비하자.)
- 색종이에 과정을 마치면서 떠오르는 다짐이나 느낌 등을 기록한다.
- 비행기를 접는다. 방법을 모르는 사람이 있을 수 있어 강사가 시범을 보이면서 함께 접는 것이 좋다.(비행기 접는 동영상을 제시해 주는 것도 시도해 보자.)
- 구호를 외치며 힘차게 날린다.
- 비행기를 모아 내용을 살펴보면 강의에 대한 간접적 평가의 도구가 될 수 있다.

다짐과 격려 나누기

실천할 행동 목록을 공유하는 것은 공개 선언 효과(Public Commitment Effect)를 발휘하게 한다. 심리학자 스티븐 헤이스(Steven C. Hayes)는 대학생들을 세 개의 집단으로 나누고 목표 공개 여부와 그에 따른 성적의 변화에 대해 실험했는데 자신의 목표를 공개한 학생들의 성적이 그렇지 않은 학생보다 높았다.

첫 번째 집단은 자기가 받고 싶은 목표 점수를 다른 학생들에게 공개하도록 했다. 두 번째 집단은 목표 점수를 마음속으로만 생각하게 했고 세 번째 집단은 목표 점수에 대해 어떤 요청도 주지 않았다. 연구 결과, 자신의 목표 점수를 공개한 집단이 다른 두 집단보다 현저하게 높은 점수를 받았다. 사람들은 자신의 생각이나 목표를 타인에게 공개하면 그것을 끝까지 고수하려는 경향이 있는데 이를 공개 선언 효과(Public Commitment Effect)라 한다.

다짐과 격려

프로그램을 마치면서 당장 실천할 행동목록을 작성해 봅시다.

당장 실천할 행동 목록

1	
2	
3	

본인 확인 :　　　　　　　　　　[서명]

격려 메시지

- 개인별로 양식을 나누어 주고 프로그램을 마치면서 당장 실천할 행동 목록을 작성하고 서명한다.
- 작성한 서식을 오른쪽으로 넘겨 가면서 아래 칸에 팀원들의 격려 메시지를 기록한다.
- 활동을 마치고 받는 메시지 중 가장 고맙고 뭉클한 격려 문구가 있으면 소개해줄 것을 요청해보자.

목표를 공개하는 것은 실행을 강화하고 결과로 나타난다. 강의를 마무리하면서 학습자들이 실천할 행동을 기록하여 발표를 통해 공유하는 것은 실행에 대한 동기 부여를 강하게 하여 목표 달성을 위해 노력하는 효과를 보일 수 있다. 거기에 함께 공부해온 동료들의 격려 메시지가 더해지면 실행을 위한 실천 의지는 더욱 강해질 것이다.

메시지(Message)

클로징의 구성에서 메시지는 학습 전이(Learning Transfer)를 통해 학습자들의 성장을 위한 동기를 부여하고 행동을 촉진하는 중요한 도구임을 강조한 바 있다. 메시지 구성에서 가장 중요한 것은 '긍정적인 간결함'이다. 행동하게 하는 희망의 메시지여야 하고 간결하고 힘 있는 내용이어야 한다.

스팟(Spot)이 생활 속의 발견이었던 것처럼 메시지(Message) 역시 일상 속에서 아이디어를 찾아 구성해 볼 것을 권한다.

몇 가지 사례를 보자.

아내와 함께 아버지 산소를 다녀오는 길에 음성에 있는 ○○농원이라는 한정식집에서 저녁을 하기로 했다. 수백 개의 장독대가 있는, 방송도 꽤 탔던 유명한 집이다. 밥을 먹고 나오는데 아내는 뭔가를 고민하더니 씨간장 한 종지를 사는 것이다. 별로 크지도 않은 그릇에 담겼는데 가격은 "저 돈 내고 저걸 왜 사지?" 하는 생각이 들 정도로 비쌌다. 운전하면서 집으로 오는 내내 돈이 아까운 생각이 달아나지 않았다. 집에 도착할 무렵 돈이 아깝다는 생각은 강의에 활용해보자는 생각으로 번득이는 전환을 했다.

우선 다음과 같이 슬라이드를 만들었다.

음식은 오래되면 썩게 됩니다.
하지만 오래되어도 썩지 않고
익어가는 음식이 있지요.
사람도 마찬가지입니다.
연륜이 더해가고
나이를 먹을수록
썩어가는 인간이 있고
농익어 가는 사람이 있습니다.

여러분은 어떠신지요

그리고 베이비부머 생애 설계 강의를 마무리하면서 이런 메시지를 남겼다.

100세 시대라고 이야기합니다.

재수 없으면 120까지 살아야 하는 시대가 된 게지요.

우리 인생은 얼마나 남았을까요? 30년? 40년?

여러분!

시간이 지나면 음식은 대부분 상하지요. 그런데 썩지 않고 익어가는 음식들이 있습니다. 장이 그렇고 와인이 그렇습니다. 사람도 마찬가지입니다. 나이 들어갈수록 농익어가는 사람이 있고 썩어가는 사람이 있습니다. 우리에게 남은 삶, 여러분은 썩어가시렵니까, 익어가시렵니까?

필자는 학교를 나와 조그만 연구실을 마련하고 그곳으로 출퇴근하고 있다. 아담한 크기지만 공부할 수 있는 소중한 공간이고 11층에서 바라보는 북한산 자락의 풍경은 호사스런 덤이다. 11층을 걸어올라 다닌다면 여러분은 믿으시겠는가? 가끔은 물을 사서 6통씩 양손에 들고 운동 삼아 오르기도 한다.

그런데 컨디션이 좋지 않은 어느 날은 오피스텔 입구에 서서 갈등을 한다. 왼쪽은 계단, 오른쪽은 엘리베이터. 문을 열면 고통스럽고 버튼을 누르면 편하다. 그 갈등의 상황을 오피스텔 입구 사진을 찍고 이렇게 메시지로 만들었다.

현관을 들어서면
왼쪽에는 계단을 오르는 문이 오른쪽에는 엘리
베이터가 있습니다.
여러분은 문을 여시겠습니까?
버튼을 누르시겠습니까?
누르지 말고 여십시오.
거기 건강으로 오르는 계단이 있습니다.

[백세 시대의 건강 관리를 주제로 한 강의에서 마무리로 제시한 메시지]

울림 있는 메시지도 생활 속에 있다. 정성스럽게 일상을 살피자. 보려고 해야 보이는 법이다.

Chapter 5

평가하기

바르고 균형 있는 강의를 위해 준비하기, 진행하기, 평가하기라는 세 개의 기둥을 제안한 바 있다. 이제 그 마지막 기둥인 평가하기에 대해 이야기해 보자.

많은 강사가 이 평가 부분을 소홀(疏忽)히 생각한다. 하지만 자신의 강의를 평가해보는 것은 자신을 살펴 변화와 성장을 이루는 매우 중요한 절차이다. 강의를 진행하면서 불편했던 사항들은 기록으로 남겨 공부하는 자료로 삼고 이후 더 나은 준비를 위한 배움으로 삼아야 한다.

기록으로 남기자

불편했던 내용이나 문제점은 강의 때 사용했던 파워포인트 마지막 슬라이드 노트에 기록으로 남기는 습관을 기르자.

2014. 9. 17(수) 14:00-16:00
100명
고등학교는 정말 힘들다.
초반장악실패는 흐름을 회복하기 어렵다.
어찌해야 하나.
강의장 의자는 최악이다. 잠자기 정말 좋은 환경
침대 깔아준 격이다.
잠이 확 깨는 오프닝이 필요하다.

"휴대폰 괜찮아, 졸려우면 자도 좋아"는 바른 접근일까??
역설인데 정말 다 잔다. 이런 이런
새로운 접근이 필요하다.

많은 고민을 던져준 강의 !!

2015. 1. 7(금) 09:00-12:00
서울교육청
진로지도교사 35명
컴퓨터 불량. 일찍 도착하지 않았으면 큰 일 날 뻔했다.
허긴 사진에는 컴퓨터 상태가 나타나지 않지.
그나마 동영상은 구동하지 못하니 흐름을 망쳤다.
조금 무거워도 내 케이블과 스피커 가지고 다니자 !!!

시간 배분은 어렵지 않았지만
유난히 많은 질문은 어떻게 대처해야 할 지 난감 !!

[슬라이드 노트에 기록한 강의 반성]

필자는 슬라이드 노트뿐 아니라 운영하고 있는 블로그에 강의 반성 카테고리를 두어 다음 강의 준비에 참고할 내용을 기록해 두고 있다.

강의반성(체력도 강의력이다) | 교수법/프레젠테이션   2018/06/12 18:26
그런면에서 보면 오늘 강의는 처절히 반성할 만 하다. 미리 통증을 잡고 치료를 했어야 했는데 그저
견딜만 하겠거니...

강의반성 | 교수법/프레젠테이션   2018/01/25 22:31
특히 경력단절여성을 대상으로 기획한 강의인데 대학... 풀어내 강의 본론으로 연결하느냐 하는 것은
영원한...

강의반성 | 교수법/프레젠테이션   2018/01/20 15:10
커리어나비 시범강의 부산진 여성인력개발센터 1.16(화)... 이번 커나비 시범강의는 청중의 다양한 연
령분포때문에...

강의반성(사례제시와 공유) | 교수법/프레젠테이션   2019/06/18 19:14
오늘 프로모션 강의시간에 벌어진 상황인데 참여자들의 정서적 안정을 해친것 같아 버릇을 위해 기록
으로 남긴다.

[블로그 강의 반성 카테고리에 축적한 강의 반성]

강의에서는 다양한 유형의 학습자들을 만나게 된다. 힘들었던 경우나 진행에 어려움을 경험한 사례들도 기록으로 남겨 공부의 자료로 쓰자.

정작 중요한 것은 실행이다. 고쳐야 할 내용이 있으면 기록에 그치지 말고 바로 수정해 놓자. 그래야 잊지 않는다.

네트워크(Network) 형성하기

- PM에게 강의 평가 내용 중 참고할 만한 내용을 요청해 성장의 기회로 삼아야 한다. 좋은 내용보다는 학습자들이 불편해했던 내용이 무엇인가 청취하는 것도 큰 공부가 된다.

- 자체적으로 평가하는 경우에는 "정답은 아시죠?" 등으로 좋은 평가를 강요하지 말자. 강의를 스스로 망치는 최악의 선택이다. 있는 그대로 듣고 잘못은 빠르게 교정하는 것이 좋다.

- 강의에 참여했던 학습자들의 SNS가 있으면 인사를 남겨 고마움을 전하자. 강사의 존재는 학습자가 그 근원이다.

180시간의 고단한 일정을 마치고 새로운 무대를 만드는 위대한 도전을 시작하신 여러분의 열정을 존경하고 응원합니다 깊이 공부하시고 널리 알리셔서 누군가의 길이 되시고 세상을 이롭게 하는 아름다운 여정을 만들어가세요 여러분 모두의 행복한 성장과 빛나는 변화를 지지하고 성원합니다 45일 내내 제 자랑이셨고 제가 무대에 서는 의미가 되어 주셔서 고맙습니다 이멤버 Forever !!	보낸사람: ☆ 서동오\<wind0631@naver.com\> 받는사람: (사)한국직업전문학교협회\<vision21@kovoca.or.kr\> 국장님 오늘 즐거운 경험을 하게 해 주셔서 고맙습니다. 많은 분들과 의미있는 시간을 보냈습니다. 국장님과 협회하시는 일에도 많은 발전과 성장이 함께하시길 응원하겠습니다. 감사합니다. 경학재에서 서동오 상올.

인사로 보낸 글들

• 강의를 초청한 사람이나 연결해 준 사람에게 감사를 표하는 것도 잊지 말자. 강의 중개 수수료 제도를 스스로 실천해보는 것도 좋은 방법이다. 강의를 연결해 준 사람에게 고마움을 표시하는 일이다. 가벼운 선물을 하는 것도 좋고 맛난 밥을 사는 것도 좋은 관계를 유지하는 방법이다.

관계도 노력이다.

자료 축적하기

　강의나 퍼실리테이션 과정에서 학습자들이 작성하고 발표한 내용들은 현장성 있는 매우 소중한 학습 자료이다. 놓치지 말고 기록으로 모아 좋은 사례로 제시하거나 연구 자료로 활용할 수 있다.

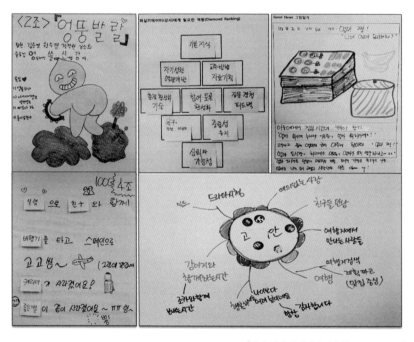

[강사 양성 과정에서 나온 활동 결과물 모음]

좋은 평가 모으기

　강의를 마치고 받은 좋은 평가나 메일은 따로 모아서 활용하자. 지금은 한 두 건일지 몰라도 모이면 큰 힘을 발휘한다. 따로 폴더를 만들어 모아가는 것이 좋다. 이후 제안서를 내거나 프로그램 홍보할 때 신뢰를 높이는 자료로 활용할 수 있다.

안녕하세요 서동오선생님 ^^
　10월 13,14일의 과정에서 3조 조장을 했던 컴퓨터강사 김민정 입니다...
정~말 멋진 시간이었습니다...
제가 한국기술교육대학교에서 들었던 많은 교육중 단연 으뜸이었습니다..
(물론 그중 더한 으뜸은 서동오선생님의 프로다운 모습과 더불어 보여진 겸손(?)으로 무장한
카리스마? 랍니다..)

서 원장님께,
이틀 동안 훌륭한 강의를 선사해 주셔서 감사드립니다.
강의에 요구되는 다양한 진행기법 뿐 아니라 품격있는 강의를 위해선 어떻게 해야 하는지
전반적으로 되돌아 볼 수 있었던 정말 유익한 강의였다고 생각합니다.
가르침 주신 대로, 앞으로 계속 공부하는 자세를 잃지 않도록 노력하겠습니다.
감사합니다.
이00 드림

강사다움에 대하여

어떠한 경우에도 강사는 자신의 신념을 학습자들에게 강요해선 안 된다고 제안한 바 있다. 지금부터 기술하는 내용은 필자가 가지고 있는, 강사로서 지켜가고자 하는 개인적 신념이어서 독자들에게 강제되어서는 안 된다. 하여 "아, 당신 생각은 그렇군요" 하는 정도로 다른 사람의 생각을 구경해 보는 수준으로 수용해 주길 권한다. 여러분과 다른 생각을 이야기할 수 있느니 선택적으로 수용해 달라는 부탁이기도 하다.

강사에게도 스스로 지켜야 하는 윤리가 있어야 한다.

인성(人性) 하면 무엇이 떠오르는가? 조인성?

인성(人性)이란 '인간'이 사람으로서 지니고 발현해야 할 인간다운 품성(品性)을 말한다. 즉 '사람다움'이다. 이런 맥락에서 본다면 '강사성(講師性)'이란 사람 이름이 아니라 지식을 전파하는 교육인으로 학습자들과의 상호 작용에서 지니고 발현해야 할 강사다운 품성(品性)을 말하는 것이라고 본다. 즉 '강사다움'이다.

앞에서 말한 것처럼 강사도 유(儒)에 속하고 강의는 참여자에게 판매되는 상품이니 그 판매의 행위와 절차에 당연히 지켜야 할 도리(道理)가 존재해야 한다는 생각으로 평소 마음에 품고 있었던 몇 가지 내용을 기술해 보고자 한다.

'노릇'보다 '다움'

> 뿌리 깊은 나무는 바람에 흔들리지 않고
> 꽃이 화려하고 열매도 풍성하다.
> 샘이 깊은 물은 가뭄에도 마르지 않고
> 내가 되어 흘러 바다를 이루는 법이다.

고등학교 때 지겹도록 외웠던 용비어천가의 한 대목이다.

'노릇'이 기술이라면 '다움'은 품성이다. 열매와 꽃이 노릇이라면 뿌리는 다움이다. 강사가 말을 잘하고 강의를 재미있게 진행하는 것은 기술이요, 공부가 깊은 것은 품성이다.

공부가 깊지 않으면 기술은 얼치기 재주가 된다. 하여 강사는 일상이 공부여야 한다. 하지만 그 공부는 남에게 알리려 하는 공부가 아니라 자신의 성장을 위해 하는 공부여야 한다.

공자는 인부지이불온(人不知而不慍-논어 학이편)이라 하여 남이 나를 알아주지 않더라도 서운해하거나 화내지 않음을 공부하는 자세의 제일로 꼽았다.

도리불언 하자성혜(桃李不言下自成蹊)는 사기 이장군 열전에 나오는 말이다. 맛있고 실한 복숭아와 자두 열매는 내가 맛있다고 크게 떠벌리지 않아도 따먹으러 오는 사람이 많으니 그 아래 자연히 길이 생긴다는 의미이다. 스스로 이름을 알리려 애쓰지 않아도 공부가 깊으면 이름은 저절로 나는 법이다.

> **위학문여역수주(爲學聞如逆水舟)**
> 배움은 흐르는 물을 거슬러 오르는 배와 같아서 쉼 없이 노를 젓지 않으면 원하는 곳에 이를 수 없다. – 명재유고(明齋遺稿)[35]

일상이 배움이고 공부여야 한다. 일상의 공부를 통해 자신이 가지고 있는 콘텐츠와 관련한 깊이 있는 지식을 중단 없이 쌓아가야 할 것이고 그 이후에 무대에 서야 한다. 공부가 얕으면 금세 들킨다.

공부가 일상이 되도록 하자. 뿌리가 깊어야 하는 것이다. 그래야 우리의 강의가 흔들리지 않고 지속 가능해진다.

왜 돈을 먼저 받는가? 들어보고 돈 내게 하자

가혹한 수강료를 지불하고 강의를 들었는데 강의장을 나오면서 돈과 시간이 아까웠던 경험은 누구나 한 번쯤 겪는 실망이다.

얼마 전 19년 타던 차를 보내고 새 차를 들였다. 딜러는 가격은 어쩔 수 없지만 평생 A/S를 약속하고 나왔고, 다른 몇 곳을 기웃대도 가격은 역시 마찬가지 상황인지라 '평생 관리'를 선택하기로 했다. 자동차뿐 아니라 웬만한 가전제품은 수준 높은 사후관리 시스템을 갖추고 있어 그것이 구매 결정에 결정적 조건으로 작용하고 있는 것이 현실이다.

이 주장은 강의도 자동차나 가전제품과 동일한 개념의 상품이라는 것과 강사는 자신의 상품을 판매하는 세일즈맨이라는 전제에서 나온다. 자동차는 평생 관리를 보장하고 세탁기나 냉장고는 쓰다가 고장 나면 A/S를 해주지만 '고장'에 버금가는 강의를 들은 학습자들에게는 무엇으로 보상할 것인가?. 다시 강의를 해주거나 수강료를 돌려주나?

들어보고 돈 내게 하자. 자신에게 도움된 만큼만 지불하게 하는 것이다. 그래야 강사도 책임 있게 준비하고 깊이 있게 공부한다. 강의도 상품이다. 들어보고 돈 내자!

---

35) 조선 후기의 성리학자 윤증의 시문집. 문(聞)은 들어서 깨우치다는 의미가 있다.

먼저 어떤 내용을 원하느냐고 묻자

여러분은 강의 요청을 받으면 어떻게 응대하시는지….

"언젠데요?" 그다음에 장소, 참가자, 강사료, 그리고 마지막에 가서야 "어떤 내용으로 준비하면 되나요?" 혹시 이런 순서?

어떤 주제로 준비해야 하는지 가장 먼저 질문하자. 그리고 준비할 수 있는 내용인지 판단한 후 다음 이야기를 이어가는 게 바른 접근이다.

날짜도 괜찮고 조건마저 좋으면 내용에 상관없이 욕심이 생기기 마련이다. 그러다 보면 조금 부족하고 자신 없는 콘텐츠를 가지고 있음에도 수락하게 되고 억지스럽게 이야기를 만들어 '고장' 수준의 강의를 하는 오류를 범하지는 않는가?

어떤 주제이든지 모두 강의가 가능할 수는 없는 일이다. 순서의 문제가 아니라 태도의 문제를 말하고자 함이다. 어떤 내용인지 먼저 확인하고 자신 없으면 정중하게 사양하는 것이 우리가 가져야 할 도리다.

돈을 좇지 말자

가끔 강의를 안내하는 홍보문 중에 "〇명 이하면 폐강됩니다."란 오만한 단서를 본다.

강의는 참가자와의 약속이다. 신청자가 단 한 명이라도 그 사람과의 약속을 '신청자가 적음'을 이유로 저버려서는 안 된다. 도대체 많고 적음의 기준은 몇 명이란 말인가? 단 한 명이어도 상품(강의)을 구매할 의사를 보인 사람이다. 정성스럽게 준비해서 당신의 강의에 열광하는 충성 고객으로 만들어야 한다.

'〇명 이하 폐강'에는 '수지(收支-수입과 지출)'의 논리가 숨겨져 있다. 수입의 얄팍한 갈등을 과감히 던져버리고 조금 손실이 있더라도 참가 의사를 보인 사람과의 약속은 지켜야 한다. 그는 일정을 맞추고 시간을 조절하고 돈을 투자해서 참가하고자 하는 의사를 보인 것인데 그 의지를 경제 논리로 외면해서는 안 될 일이다. 자주 그런 일이 생기면 어찌하느냐고? 그러면 강의가 좋은 상품이 아닌 게다.

돈은 바른 강의의 지속에 대응되는 미래의 결과물이다. 실현되지도 않은 미래의 결과에 집착할 것이 아니라 먼저 자신의 강의를 명품으로 만드는 일에 정성을 다하자. 그리하면 자연스럽게 생기는 것이 돈이다. 맛난 복숭아나무 아래는 자연스럽게 길이 생기듯이 말이다.

모두 내 탓이다

과정 내내 계속 졸고 모둠 활동에 참여하지도 않고 지루한 표정이 확연히 드러나는 참여자가 있었다. 강의가 진행될수록 개선되는 기미가 없고 잘못하면 전체 분위기가 나빠질 것 같아 불안했는지 강사가 옆 사람에게 부탁을 한다.

"저기 선생님, 그 옆에 있는 사람 좀 깨우시죠."

그러자 조는 사람 옆에 있던 수강생 왈

"재우신 분이 깨우시죠."

가끔 자신은 돌아보지 않은 채 수강생들의 수준을 탓하고 자세를 나무라는 강사를 본다. 학습자의 참여 외면과 지루함을 보이는 몸부림은 모두 강사의 책임이다. 학습자들의 태도뿐만 아니라 강의와 관련된 모든 어그러짐은 학습자의 탓도 아니요, 개최한 기관의 탓도 아니다.

동영상을 구동했는데 사운드가 안 나오면 미리 확인하지 않았음이요, 도구가 부족하면 세심하게 여유분까지 준비하지 못한 것이다. 지각했으면 강의 장소까지 가는 사전 조사가 부족했음이요, 시간이 모자라거나 넘치면 연습이 모자란 것이다.

상불원천 하불우인(上不怨天 下不尤人-중용 14장)이라 위로는 하늘을 원망하지 말고 아래로는 다른 사람을 탓하지 말라 했으니 그 누구를 나무랄 것인가? 모두 준비와 연습이 부족한 '내 탓'인 것이다. 나쁜 학습자는 없다. 준비와 공부가 부족한 강사가 있을 뿐이다.

학습자는 우리의 연습 상대가 아니다

외국어 공부는 배우는 데 3년, 잊어버리는 데 3일이라 별수 없이 지금은 초보 수준으로 돌아왔지만 한때 중국어 공부에 재미를 붙여 가벼운 대화 정도가 가능했던 적이 있었다.

필자가 근무했던 학교는 적지 않은 외국인 학생들이 유학하고 있었는데 중국학 대학원이 있고 동양학에 대한 강점으로 어필해서인지 유난히 중국 학생이 많아서 캠퍼스를 거닐다 보면 중국어 억양을 듣는 일이 보통의 일상이었다.

한창 중국어 공부가 재미있어져 물이 올랐을 때 사무실에 찾아오는 중국 학생들에게 무작정 다가가 연습 삼아 말을 걸었던 경험이 있다. 그런 막무가내 연습이 반복되던 어느 날, 무모하게 말을 걸었던 한 중국 학생이 정색하며 더듬거리는 한국말로 "나는 선생님의 연습 상대가 아닙니다. 나는 서비스를 원해요." 하며 내 무모함에 태클을 걸었다. 그랬다. 무모함이 마치 용기인 양 아무에게나 "니 하오(你好-중국어 인사)"로 말을 걸었던 것인데 나는 용기 있는 연습이었지만 정작 상대는 이상한 성조와 억양을 듣고 응대해야 하니 적잖은 스트레스였을 것이다.

학습자는 강사의 연습 상대가 아니다. 준비되어야 한다. 부족한 지식은 금

세 알아차린다. 평소 꾸준하게 자신의 콘텐츠에 대해 내공을 길러야 한다. 학습자들이 원하는 것은 강사의 연습이 아니라 전문성 있는 지식 서비스이다.

목수는 일하기 전에 연장을 갈아 날카롭게 하는 법이다.

체력도 강의력이다

필자가 대중 앞에서 처음 강의를 했던 것은 대학교 신입생을 대상으로 2박 3일간 혼자 진행하는 리더십 프로그램이었다. 강의 가는 날 아내는 용각산이며 배즙이며 목을 보호하는 캔디까지 챙겨주었다. 당시엔 젊은 시절이어서 별 무리 없이 즐겁게 진행했지만 지금은 나이로 보나 체력으로 보나 3일 과정은 여간해선 선뜻 나서기가 망설여진다.

강의도 체력이 필요하다. 특히 종일 진행하는 경우에는 더욱 체력 배분에 신경 써야 한다. 신발은 멋보다는 편안함을 선택하는 것이 좋다. 발에 꼭 끼는 신발보다는 조금 헐렁한 크기가 좋고 안에 쿠션이 있는 깔창을 깔아 발의 상태를 최대한 편하게 유지할 수 있도록 해야 한다. 강의 때 신는 신발을 따로 두는 것도 좋은 방법이다.

꼭 필요한 장비와 도구, 소모품만 챙기고 짐은 가능하면 최소화할 것을 권한다. 노트북에, 각종 케이블에 스피커까지, 거기에 여러 가지 도구를 더하면 짐은 운반이 버거운 크기가 되기 십상이다. 강의장 정보를 충분히 파악하여 장비를 줄이고 운영자와의 협의를 통해 강사 본인이 준비하는 도구도 최소화해야 한다. 그래서 준비 단계의 3P 분석은 무엇보다 중요하다.

요즘 웬만한 강의장에는 정수기가 있다. 작은 용량의 텀블러를 준비해 강의 중 수시로 물을 마셔 목을 보호하고, 가능하면 마이크를 사용하는 것이 좋다. 그리고 체력을 위한 마지막 Tip 하나. 어쩔 수 없이 짐이 많으면 눈 딱 감고 택시 타자. 몇 푼 아끼려다 파김치 되지 마시고….

함께 공부하면 좋은 책 & 참고한 문헌들

- 《창의적 교수법》밥 파이크 / 김영사
- 《잡담 말고 스몰토크》데브라 파인 / 일월일일
- 《퍼실리테이션 테크닉65》호리기미토시 / 비즈니스맵
- 《쿠퍼실리테이션 이니셔티브》쿠퍼실리테이션그룹
- 《서준호 선생님의 교실놀이백과》서준호 / 지식프레임
- 《러닝퍼실리테이션》정강욱 / 플랜비디자인
- 《가르치지말고 경험하게 하라》김지영 / 플랜비디자인
- 《4MAT 강의법》버니스 매카시 / 폴앤마크
- 《논어강설》이기동 / 성균관대학교출판부
- 《틈만 나면 딴생각》정철 / 인플루엔셜
- 《창의발상론》박영택 / 한국표준협회미디어
- 《엘리베이터 스피치》샘 혼 / 갈매나무
- 《평생교육자의 퍼실리테이션 역량과 성인학습자의 비판적 사고》
- 《공자의 리더십》
- 《구성주의 교수학습이론의 활용》

에필로그
Epilogue

> 학위인사 행위세범(學爲人師 行爲世範)
>
> 학문은 다른 사람의 스승이 되고 행실은 세상의 모범이 되어야 한다

학위인사 행위세범(學爲人師 行爲世範)은 공자의 제자인 안회(顔回)의 삶을 평가하면서 중국 남송(南宋) 시대 고종(高宗)이 한 말입니다. '사범(師範)'의 어원이며 북경사범대학의 교훈이기도 합니다. 학문하는 길이야말로 다른 사람의 스승이 되고 행실은 세상의 모범이 되어야 함이 교육을 담당하는 사람으로서 당연한 일일 것입니다.

강사란 본디 공부가 업(業)이 되어야 하는 사람입니다. 공부란 그 실행을 날마다 게을리하지 않고 누구에게든 자신을 낮추어 배우고 어디서든 귀 기울여 들어야 하는 것이지요. 깊이 있게 공부하시고 세상을 이롭게 하는 길을 가시기 바랍니다. 그 길은 또 누군가의 길이 되겠지요.

여러분의 말 한마디가 누군가의 습관을 바꾸고 여러분의 행동 하나가 누군가의 삶을 바꿀지도 모릅니다.

많은 이들의 길이 되는 삶!

공부는 모든 이의 스승이 되시고 행동은 세상의 모범이 되시기 바랍니다.

전정사금(前程似錦)!

여러분 가시는 길 언제나 비단길 같고 날마다 행복한 변화와 성장이 이어지시길 응원합니다.

책 속의 책

천작재(天爵齋)

맹자(孟子)는 인간의 작위를 천작(天爵)과 인작(人爵)으로 나누고 인작을 얻으면 천작을 버리는 인간의 세태를 한탄(恨歎)했습니다.

인작(人爵)은 사람이 내리는 작위(爵位)입니다. 조직이나 직장생활을 하며 얻는 대표이사, 부장, 과장 같은 직책의 의미로 봐도 어긋나지 않습니다. 소위 완장이며 명함인 게지요. 하지만 이 인작은 평생 가지 않고 세월이 지나면 없어집니다. 준 사람이 거둬 가는 것입니다.

천작(天爵)은 하늘이 내리는 작위(爵位)입니다. 이는 사람이 살아가면서 마주하는 다양한 경험의 순간에 발현해야 할 인간다운 품성이며 도리를 의미합니다.

이는 '사람됨'을 말하는 것으로 평생 사라지지 않는 작위입니다. 천작은 어디 떨어져 있어 주워드는 게 아니고 평생 쉼 없는 자기 살핌과 공부를 통해 조금씩 지어가는 것입니다.

어느 때부터인가 우리는 '사람'보다는 '노릇'에 더 공을 들이는 안타까운 세월을 살고 있지만 천작재(天爵齋)는 '노릇'보다 '사람됨'을 공부하는 곳입니다.

여러분을 위해 자리를 비워두겠습니다. 언제든 문을 여십시오. 거기 평생의 작위를 지어가는 길이 있습니다.

평생 남을 작위를 지어가는 천작재(天爵齋)

blog.naver.com/wind0631

■ 천작재(天爵齋)에서 운영되는 프로그램

프로그램	구성	비고
커리어나비 (Career NAVI)	• 경력 단절 여성의 구직 역량을 강화하고 마음 근력을 다지는 '0단계' 프로그램 • 여성의 일과 삶에 대한 주도적 설계를 위한 '나 찾기, 일 찾기, 삶 찾기'	• 직업 훈련 프로그램의 기초 소양 교육으로 운영 중 • 12H, 8H
FBL Facilitator 자격증 인증 과정	• 러닝 퍼실리테이션을 기반으로 하는 강의 총론 • 품성론, 기술론, 설계론	• 40H(자격 검정 별도)
슬기로운 직장생활	• 직장인들을 위한 자기 경영 프로그램 • 지속 가능한 고용을 위해 직장인들이 가져야 할 일과 사람과 조직에 대한 태도와 전략	• 12H, 8H
빵점학교	• 프로그램 설계와 강의 진행 컨설팅 • 1:1 코칭으로 진행	• 과정 협의
인생학교 '천작재(天爵齋)'	• 미래의 삶을 어떻게 살아갈 것인가를 고민하고 삶의 다양한 영역의 균형있는 성장을 설계하는 프로그램	• 20H
Dream quare Movie	• 생애 Vision과 목표 설계 프로그램	• 4H~6H(12월과 1월에만 개설)

■ 강의 준비 Check List

3P 분석에서도 강조하였지만 강의 설계와 준비 단계에서 대상과 목적과 장소에 대한 정보 취득은 자세하고 많을수록 좋습니다.

아래 제시되는 자료는 제가 실제로 강의 준비 단계에서 고려하는 내용을 담았습니다. 학습자 집단의 성격, 강의의 목적에 적절하게 가감하여 활용하는 것으로 살펴 주시기 바랍니다.

구분	내용
People	• 성별과 연령 • 직업(사무직, 생산직) • 집단의 특징, 유사 교육 수강 경험 • 참여 형태(유무료, 자발적 여부) • 상호 인지도
Purpose	• 참여 목적 • 교육 요청자의 요구 • 참여자의 욕구 • 참여 집단의 공동 목표 여부

구분	내용
Place	• 강의 장소의 확실한 위치, 접근 방법 • 강의장 환경 　– 수용 인원 대비 강의실 크기 　– 좌석이 고정식인지 이동식인지, 의자 팔걸이 유무 　– 진행 본부나 강사 대기실 유무 　– 시계는 후면에, 그리고 시간은 맞는가? 　– 스크린이 보드를 가리고 있는지, 이 경우 판서가 필요하면 별도의 보드 요청 　– 스크린이 너무 낮아 뒷사람의 시야가 방해되지 않는지 　– 교탁과 단상 유무(높낮이) 　– 메인 전원과 조명 스위치 확인 　– 냉난방 시설 작동 　– 창문 위치(파워포인트 가독성에 영향을 미친다.) 　– 사람이 앉는 여유 공간 유무 • 컴퓨터 시스템 환경 　– 컴퓨터 프로그램 버전 확인 　– 인터넷 사용 가능 여부 　– 노트북과 연결하는 케이블 형태 • 음향 지원 　– 스피커 지원 여부 　– 마이크 유무선, 무선일 때 배터리 체크
기타	• 전후 강의 유무와 중복되는 내용 확인(교재) • 교보재 준비는 누가 하는가? • 유료일 경우 참가비는 얼마인가? • 지정석/자유석, 명찰을 배부하는가?

■ 문장 해설

동양철학을 전공하진 않았지만 평소 동양고전에 관심을 가지고 꾸준히 읽어왔고 공부는 지금도 계속되고 있다. 읽으면서 크게 가르침이 되어 마음에 깊이 남았던 몇몇 문장들을 본문에 인용하였고 독자들의 이해를 돕기 위해 인용한 문장들의 원문과 간단한 설명을 모았다.

• 발분망식 낙이망우 부지로지 장지운이(發憤忘食 樂以忘憂 不知老之 將至云爾)

[본문 5페이지]

배움을 좋아하여 알고자 하는 마음이 일어나면 밥 먹는 것도 잊고 공부하는 즐거움으로 걱정을 잊으며 장차 늙음이 다가오는 것도 알지 못한다.

[논어 술이편]

공자의 제자인 자로가 초나라 섭공을 만났을 때 섭공이 자로에게 공자가 어떤 사람인지를 물었는데, 자로가 제대로 대답하지 못했다. 이 말을 듣고 공자는 자로에게 왜 입을 다물고 있었느냐며 이렇게 말해주지 그랬느냐고 타일렀던 문장이다.

• 기욕입이입인 기욕달이달인(己欲立而立人 己欲達而達人) [본문 5페이지]

기(己)는 자기 기(己)여서 자신을 말한다. 욕(欲)은 하고자 할 욕이다. 즉 욕구이다. 한데 이 욕(欲)이 지나치면 욕(慾-욕심 욕)이 된다. 입(立)은 서는 것이요, 달(達)은 통달하다, 정통하다, 다다르다는 의미이다. 인(人)은 사람인데 타인을 말한다.

내가 서고자 할 때 남도 서게 하고 내가 이루고자 할 때 남도 함께 이루게 한다.

[논어 옹야편]

• 수기치인(修己治人) [본문 27페이지]

수(修)는 다스리다, 닦다의 의미이다. 나부터 닦고 남을 다스린다는 뜻이다. 자신부터 바로 서야 남도 다스릴 수 있다는 리더십의 방향을 제시하고 있다.

대학(大學)에는 우리가 잘 알고 있는 수신제가치국평천하(修身齊家治國平天下)라는 말이 있는데 수기치인(修己治人)의 의미를 그대로 담고 있다.

나라를 다스리고자 하는 이는 먼저 그 집을 가지런히 하였고, 그 집을 가지런히 하고자 하는 이는 먼저 그 몸을 닦았고, 그 몸을 바르게 하고자 하는 이는 먼저 그 마음을 바르게 한다고 말하고 있다.

• 대동(大同) [본문 29페이지]

대동(大同)은 예기(禮記)에 나오는 말이다.

남의 부모도 내 부모와 똑같이 생각하며, 자기 자식만을 자식으로 생각하지 않고 남의 자식도 내 자식과 똑같이 생각한다.

늙은이는 여생을 편안히 마치게 되고 젊은이는 각각 자기의 적성과 능력에 맞는 일자리에서 활동하게 되며, 어린이들은 곱고 바르게 자라게 되고, 홀아비와 홀어미며 의지할 곳 없고 불구가 된 사람들은 모두 편안히 보호를 받게 된다.

남자는 다 자기 분수에 맞는 일을 하게 되고, 여자들은 다 적당한 곳으로 시집가 살게 된다.

재물과 물건들이 헛되이 버려지는 것을 싫어하지만 그것을 자기 집에다 감춰 두는 일이 없으며 자기가 직접 노력을 제공하지 않는 것을 싫어하지만 그것이 자기 개인을 위한 것으로는 생각하지 않는다. 그렇기 때문에 권모술수와 같은 것이 필요치 않게 되고 도둑이나 불량배 같은 것이 있을 수 없어 집집마다 문을 열어 두고 닫는 일이 없다.

이러한 사회를 가리켜 대동이라 말한다. 큰 도가 행해지면 이루어지는 이상향을 말하고 있지만, 대동(大同)은 결국 모두가 함께 성장해서 이루어지는 평안한 세상을 의미하고 있다.

필자가, 강사라는 업(業)이 결국 '대동(大同)'을 향한다고 표현한 것은 자기 자신을 다스려 학습자들의 변화와 성장을 돕고 그들의 문제가 해결되어 평안하게 하는 수기안인(修己安人-논어 헌문편)이 강사라는 업(業)이 가지는 새로운 역할이라고 보기 때문이다.

• 학이불염 회인불권(學而不厭 誨人不倦) [본문 27페이지]

염(厭)은 싫어하다, 회(誨)는 가르쳐 인도하다, 권(倦)은 게으르다, 피곤하다, 권태롭다, 공부하는 것을 싫어하고 가르치는 일을 피곤해하고 게을리한다는 뜻이다. 공부하고 가르치는 일을 게을리하지 말라는 가르침이다.

[논어 술이편]

• 생이지지자(生而知之者) [본문 28페이지]

공자는 앎의 단계를 이렇게 표현했다.

생이지지자 상야(生而知之者, 上也)

학이지지자 차야(學而知之者, 次也)

곤이학지 우기차야(困而學之, 又其次也)

곤이불학 민사위하의(困而不學, 民斯爲下矣)

곤(困)은 괴롭다, 부족하다의 뜻을 가진다.

"나면서 아는 자는 최고요, 배워서 아는 자는 다음이요, 부족하다는 것을 알고 나서야 배우면 그다음이요, 부족하면서도 공부하지 않으면 백성 중에 최하가 된다."

[논어 계씨편]

• **공욕선기사 필선리기기(工欲善其事 必先利其器)** [본문 28페이지]

선(善)은 착할 선이지만 좋다, 잘한다는 의미도 가진다. 리(利)는 날카로울 리, 예리(銳利)하다에 보인다. 기(器)는 그릇이나 도구.

공인이 일을 잘하려 하면 반드시 먼저 그 연장을 예리하게 한다.

[논어 위령공편]

공인(工人)은 전문가를 의미한다. 강사도 학습자들의 변화와 성장을 돕는 전문가이니 공인(工人)이라 할 수 있다. 그러니 강사도 강의를 잘하려 한다면 반드시 공부가 먼저여야 한다. 자신이 강의하는 분야나 주제에 대해 깊이 있는 공부가 먼저 이루어져야 강의라는 연장이 날카로워지는 법이다

• **충서(忠恕)** [본문 35페이지]

충(忠)은 가운데 중(中)과 마음 심(心)이니 진실된 마음이다. 서(恕)는 같을 여(如)와 마음 심(心)이니 같은 마음이다. 즉 충(忠)은 변치 않는 진실됨이요, 서(恕)는 상대방과 마음이 같으니 공감이다.

공자(孔子)의 제자 증자(曾子)는 스승님의 도는 충서(忠恕)뿐이라 말한다.

[논어 이인편]

이는 퍼실리테이터의 핵심 가치 중 신뢰(Trust)와 그 의미가 닿아 있다. 신뢰란 학습자들을 믿는 진실한 마음이다. 비록 그 신뢰가 무너져 위험해질 수 있다 해도 학습자들의 수행 의지와 역량을 믿고 통제를 선택하지 않는 퍼실리테이터의 자발적 의지가 신뢰인 것이다.

• **공관신민혜(恭寬信敏惠)** [본문 36~41페이지]

공자는 리더의 5가지 덕목을 말한다.

공(恭)-공손하고 삼감

관(寬)-너그럽고 관대함

신(信)-믿음과 신뢰

민(敏)-재빠르고 민첩함

혜(惠)-베풀고 사랑함

공즉불모(恭則不侮)의 모(侮)는 업신여기고 깔보다는 뜻으로 공손하면 업신여김을 당하지 않는다. 관즉득중(寬則得衆)의 중(衆)은 무리, 많은 사람의 뜻으로 너그러우면 사람을 얻는다. 신즉인임(信則人任)의 임(任)은 맡길 임으로 일을 맡는다는 말이다. 믿음이 있으면 사람이 일을 맡긴다는 뜻이다. 민즉유공(敏則有功)의 공(功)은 공로나 업적으로 부지런하고 민첩하면 공을 이룬다는 의미다.

[논어 양화편]

• **지성무식(至誠無息)** [본문 38페이지]

지(至)는 이르다, 지극하다, 식(息)은 쉬다, 지극한 정성은 쉼이 없다.

[중용(中庸)]

• **혜이불비(惠而不費)** [본문 59페이지]

혜(惠) 은혜를 베풀다, 비(費) 소비되다, 소모되다, 손상되다.

베풀되 낭비 없이 하라. 쓸모 있는 것을 주어야 한다.

[논어 요왈편]

강의는 학습자들의 욕구와 필요에 적절한 내용으로 구성되어야 한다는 의미로 제시하였다.

• **당랑거철(螳螂拒轍)** [본문 63페이지]

사마귀 당(螳), 사마귀 랑(螂), 막을 거(拒), 바퀴 자국 철(轍)

사마귀가 수레바퀴를 막는다는 뜻으로 자신의 분수와 처지는 헤아리지 않고 어려운 상대와 대적하는 무모함을 말한다.

[장자(莊子)]

• **범사예즉립 불예즉폐(凡事豫則立 不豫則廢)** [본문 71페이지]

언전정즉불겁(言前定則不跲) 사전정즉불곤(事前定則不困) 행전정즉불구(行前定則不疚) 도전정즉불궁(道前定則不窮)

범(凡)은 무릇, 모두. 폐(廢)는 그만두다, 부서지다, 어그러지다의 뜻. 겁(跲)은 넘어지다, 헛디디다. 곤(困)은 괴롭다, 곤란하다의 의미. 구(疚)는 오래가는 병, 궁(窮)은 어렵게 되다, 가난하다는 뜻이다.

모든 일은 준비되면 이루어지고 준비되지 않으면 못쓰게 되어 어그러진다. 말도 미리 할 말을 생각하고 정해두면 넘어지지 않게 되고, 할 일도 미리 정해두면 곤란치 않게 되고, 행동할 것도 미리 정하면 탈이 없게 되고, 방법이나 갈 길도 미리 정해두면 어렵지 않게 된다.

[중용(中庸)]

• **문질빈빈(文質彬彬)** [본문 73페이지]

문(文)은 무늬, 채색. 질(質)은 바탕, 꾸미지 않은 본연. 빈(彬)은 빛나다, 밝다는 뜻.

질승문즉야(質勝文則野) 문승질즉사(文勝質則史)

야(野)는 거칠고 촌스럽다, 사(史)는 꾸밈이 있어 아름답다는 의미가 있다. 본질이 형식을 누르면 거칠고 형식이 내용을 누르면 실속 없이 겉모양만 번지르르하다.

[논어 옹야편]

• 인부지이불온(人不知而不慍) [본문 196페이지]

우리가 잘 알고 있는 인(仁)은 어질다, 사랑하다 외에 씨앗이란 의미도 가진다. 이 씨앗은 누구에게나 있는 천부적 자질의 개념이다. 어짐과 타인을 불쌍히 여기는 마음(측은지심,惻隱之心)은 누구에게나 있으니 공자의 철학을 성선설이라 한다. 인(仁)은 누구나 가지고 있어 처음엔 모두 같지만 이 씨앗이 '공부'라는 과정을 통해 각자 다른 정도의 모양새로 성장해 간다. 하여 논어의 첫머리가 공부로 시작한다.

학이시습지 불역열호(學而時習之 不亦說乎)
열(說)은 기쁠 열(悅)과 같다. 시(時)는 때를 어기지 않는다는 의미이다. 배우고 때때로 익히면 또한 기쁘지 아니한가?

유붕자원방래 불역낙호(有朋自遠方來 不亦樂乎)
붕(朋)은 벗, 친구. 역(亦)은 또한, 크게, 대단히.
벗이 있어 먼 곳으로부터 찾아오면 또한 즐겁지 아니한가?
인부지이불온 불역군자호(人不知而不慍 不亦君子乎)
온(慍)은 화내다, 원망하다의 의미이다.
남이 나를 알아주지 않더라도 노여워하지 아니하면 또한 군자가 아니겠는가?

[논어 학이편]

때맞추어 공부한다는 것은 나를 먼저 닦는다는 수기(修己)의 관점이고, 먼데 친구를 생각한다는 것은 치인(治人)의 관점이며 남이 나를 알아주기 전에 내가 먼저 바로 되어야 한다는 것은 수기치인(修己治人)의 방향성을 제시하고 있는 문장이다.

• **도리불언하자성혜**(桃李不言下自成蹊) [본문 196페이지]

도(桃)는 복숭아나무, 리(李)는 자두나무, 혜(蹊)는 지름길.

복숭아와 자두는 맛있으면 그 맛을 자랑하지 않아도 먹으러 오는 사람이 많으니 그 아래 자연스럽게 길이 난다.

[사기 이장군 열전]

• **위학문여역수주 등난퇴이사인우**(爲學問如逆水舟 登難退易使人憂) [본문 196페이지]

위(爲)는 하다, 되다, 이루어지다. 여(如)는 같다. 역수(逆水)는 물을 거슬러 오르다. 주(舟)는 배, 이(易)는 쉽다. 사(使)는 하다, 시키다. 우(憂)는 근심, 걱정, 시름.

공부하는 것은 흐르는 물을 거슬러 오르는 것과 같아서 나아가는 것은 어렵고 물러나는 것은 쉬워 걱정하게 한다.

[윤증 명재유고]

• **상불원천 하불우인**(上不怨天 下不尤人) [본문 200페이지]

원(怨)은 원망하다, 한탄하다. 우(尤)는 탓하다, 책망하다.

위로는 하늘을 원망하지 말고 아래로는 다른 사람을 탓하지 말라.

[중용(中庸)]

• **전정사금**(前程似錦) [본문 203페이지]

전(前)은 미래, 앞날이라는 의미도 있다. 정(程)은 길. 사(似)는 같다, 닮다. 금(錦)은 비단.

미래 앞날이 비단길 같으시기 바란다는 의미이며 격려 문구로 자주 쓴다.

[춘강화월야(春江花月夜)라는 영화 주제가의 제목]

■ 서식 모음

• 학습자 소개 도구 '나만의 해시태그' [본문 91페이지]

#나만의 해시태그

(자신을 표현하는 문장이나 단어를 기록해 보세요)

\#

\#

\#

'생애 설계 아카데미 천작재(天爵齋)'

※ 중장년을 대상으로 하는 과정에서는 '해시태그'라는 용어가 낯설 수 있다.

'나만의 키워드'로 바꾸어 활용해 보길 권한다.

• 팀워크 다지기 도구 '친구를 찾습니다' [본문 100페이지]

친구를 찾습니다 ( )	친구를 찾습니다 ( )	친구를 찾습니다 ( )
· 체중 50Kg 이하 · 고향이 지방인 사람 · 안경 착용한 사람 · 나와 같은 달에 태어난사람 · 3년 이상 직장경력자	· 체중 75Kg 이상 · 고향이 부산인 사람 · 렌즈 착용한 사람 · 키 180cm이상 · 20년 이상 직장경력자	· 시계 찬 사람 · 자녀가 3명 이상인 사람 · 안경 착용한 사람 · 나와 같은 달에 태어난사람 · 3년 이상 직장경력자
친구를 찾습니다 ( )	친구를 찾습니다 ( )	친구를 찾습니다 ( )
· 아들만 둘 인 사람 · 고향이 지방인 사람 · 운동화 신은 사람 · 미혼인 사람 · 나와 같은 달에 태어난사람	· 딸 만 둘인 사람 · 주민번호 끝자리 홀 수 · 안경 착용한 사람 · 나와 다른 구 거주자 · 반지 낀 사람	· 부부가 동갑인 사람 · 고향이 지방인 사람 · 주민번호 끝자리 짝수 · 목걸이 한 사람 · 필통 가지고 있는 사람
친구를 찾습니다 ( )	친구를 찾습니다 ( )	친구를 찾습니다 ( )
· 부부가 초등학교 동창 · 고향이 지방인 사람 · 안경 착용한 사람 · 귀걸이 한 사람 · 천주교가 종교인 사람	· 검은색 양말 신은 사람 · 고향이 지방인 사람 · 안경 착용한 사람 · 펜 5자루 이상 소지 한 사람 · 기독교가 종교인 사람	· 흰색 양말 신은 사람 · 지갑에 2만원 미만인 사람 · 스카프 착용한 사람 · 신용카드 5개 이상 소지자 · 나와 다른 구 거주자
친구를 찾습니다 ( )	친구를 찾습니다 ( )	친구를 찾습니다 ( )
· 시계 찬 사람 · 고향이 지방인 사람 · 안경 착용한 사람 · 나와 다른 구 거주자 · 3년 이상 직장경력자	· 폴더폰 소지자 · 술 절대 못하는 사람 · 결혼반지 낀 사람 · 운전면허증 소지자 · 아이 없는 기혼자	· 발 크기 230mm이하 · 불교가 종교인 사람 · 안경 착용한 사람 · 나와 다른 구 거주자 · 3년 이상 직장경력자

강의보감

• 팀워크 다지기 도구 '초상화 그려주기' [본문 96페이지]

A4 크기면 적절합니다. 아래와 같은 서식이 아니고 그냥 A4 용지를 주고 얼굴 윤곽을 그리게 하니 크기가 제각각 이어서 진행이 어려웠습니다. 하여 아래와 같이 양식을 만들어 활용하시길 권합니다.

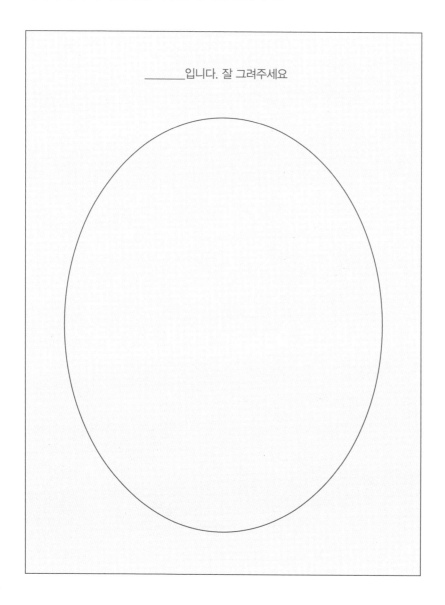

_____입니다. 잘 그려주세요

• **리뷰(Review) 도구 '초성 게임'** [본문 172페이지]

A3 크기면 적절합니다. 모둠 활동으로 하되 교재를 보고 찾을 수 있도록 유도하는 것이 좋습니다. 단어나 개념뿐 아니라 문장이나 활동 내용 등 기억나는 것은 무엇이든지 선택할 수 있도록 룰을 제시하니 활동에 대한 참여를 높일 수 있었습니다.

강의를 마치고 기억나는 단어나 내용을 기록해 봅시다.

초성	내용	Page	초성	내용	Page
ㄱ			ㅇ		
ㄴ			ㅈ		
ㄷ			ㅊ		
ㄹ			ㅋ		
ㅁ			ㅌ		
ㅂ			ㅍ		
ㅅ			ㅎ		

• **다짐과 격려** [본문 182페이지]

다짐과 격려

프로그램을 마치면서 당장 실천할 행동목록을 작성해 봅시다.

당장 실천할 행동 목록

1	
2	
3	

본인 확인 :   [서명]

격려 메시지

FBL(Facilitation Based Learning) 퍼실리테이터 자격증 취득 과정(40H)

영역	프로그램	주요내용
품성론 **[4H]**	퍼실리테이션에 대한 이해와 강사라는 업(業)	• 퍼실리테이션에 대한 이해 • 퍼실리테이션의 철학 • 퍼실리테이터의 역량, 행동 강령 • 강사라는 업(業)에 대한 인식 • 강의의 기능과 바른 강의의 조건 • 3P 분석
기술론 **[24H]**	퍼실리테이션의 기록 기법과 오프닝 구성	• 퍼실리테이션에서의 기록 기법 • 참여자 진단 기법과 오프닝의 구성 • 참여자 소개 기법
	팀워크 다지기 기법과 오프닝 실습	• 아이스브레이킹과 스팟 • 오프닝 실습 • 팀워크 다지기 기법
	진행하기와 브릿지	• Round meeting 기법 • 이미지 카드 활용 Workshop • 강의 진행하기와 Bridge
	강의 본론을 위한 퍼실리테이션 기법	• 아이디어 확산과 구조화 도구 • 의사 결정 도구
	클로징의 구성과 퍼실리테이션 기법	• 효과적인 전달 기법 • 클로징의 구성 • 클로징에 활용할 수 있는 퍼실리테이션 기법 • Message 만들기와 클로징 실습
	퍼실리테이션과 관계 형성 기술	• 관계 형성 기술로서의 코칭 • 질문, 피드백 기술 • 퍼실리테이션 과정에서의 개입과 티칭 • 학습자의 참여를 촉진하는 교감 기법

영역	프로그램	주요내용
설계론 [8H]	프로그램 설계와 프로모션	• 구성주의와 학습 동기 • Backward Design Model(BDM)에 대한 이해와 단계 • 요구 분석과 유사 프로그램 분석 • 교수 활동 설계와 모둠 구성 기법
		• 강의 계획서 작성 기법 • 제안서 작성 기법 • 포로모션 전략 • 강의 공간 설계
실습 [4H]	강의 시연과 클리닉	• 개인별 퍼실리테이션 강의 시연 및 클리닉 • 필수 이수 과목임(미이수 시 수료 불가)

강의 피드백 모음

교수님 말씀처럼 강사는 끊임없이 노력해야 한다는 것을 새삼 느끼게 되었습니다.

초보 강사로서 강의 후 허전함과 아쉬움이 많았는데 이번 강의 수강으로 좀 더 나은 강의를 할 수 있다는 자신감이 생겼습니다. 강의 전 사전 분석을 통한 예방은 초보 강사에게 좋은 경험담이었습니다. 상투적인 지식 전달과 클로징 없이 마무리했던 저의 강의가 앞으로 멋지게 변화될 것입니다.

爲學聞如逆水舟!

강사로서 가슴에 깊이 새기겠습니다. 감사합니다.

— 행복한 신사

안녕하세요! 서동오 원장님^^

10월 13, 14일의 과정에서 3조 조장을 했던 컴퓨터 강사 김*정입니다.

정~말 멋진 시간이었습니다. 제가 한국기술교육대학교에서 들었던 많은 교육 중 단연 으뜸이었습니다.(물론 그중 더한 으뜸은 서동오 선생님의 프로다운 모습과 더불어 보여진 겸손(?)으로 무장한 카리스마(?)랍니다.)

저는 상하반기 16주 학기제로 강의가 진행되는 평생학습센터에서 컴퓨터 부분의 오피스 프로그램과 그래픽 강의를 하고 있답니다. 코칭이나 상담 분야 강의를 하는 선생님들과는 조금 다른 성격과 구조의 기관에서 강의를 하고 있는 이유로 청중들의 활동이나 중간중간의 퍼포먼스 등의 내용은 없는 강의이지요. 그럼에도 불구하고 능력개발원 교육을 틈새 틈새 찾는 이유는 저 자신에게 큰 도움이 되고 있기 때문이랍니다.

"이번엔 정말 퍼펙트였어!"라고 남편과 딸아이에게 말했답니다.

가족들의 반응이요? "오호~~~~! 얼굴에 정말 써 있는데?"였지요 물론 ㅎㅎㅎ….

다시 한 번 감사드립니다.

서동오 선생님 덕분으로 이번 학기 남은 9주 동안 제 수강생들은 아주 재미있는 인트로를 경험하게 될 듯합니다. 생각만 해도 벌써 신 나고 재밌을 기대감에 웃음이 저절로 나오는군요.(저의 수업은 시작 전 5분 정도의 인트로가 있거든요. 그날그날에 따라 주제어 하나를 가지고 살짝 컴퓨터 이야기가 아닌 이야기를 자유롭게 나누는 정도랄까요. 제가 출근하면서 이슈가 될 만한 뉴스나 음악, 풍경에서 포착되는 '단어' 하나를 준비해 가거든요.)

선물로 주신(?) 말랑말랑 예쁜 주사위는 아주 소중하게 감사한 마음으로 사용하겠습니다. ㅎㅎㅎ

선생님의 다른 강의가 마구마구 궁금해지고 있습니다.

기회가 된다면 다른 강의에도 참석해 보려고 계획합니다.

서동오 선생님께

요즈음의 코칭 선생님들의 위험성(?)에 대해 잠시 이야기를 나눠 보고 싶었는데 기회가 없었습니다.

제가 능력개발원 교육을 들어가 보면 그곳에 강의를 들으러 오는 선생님들의 많은 수가 현재 코칭 분야로 일하고 있거나 입문한 강사님들이 다수 있었는데, 그들의 모습에서 제게 던져지는(?) 하나가 언제나 있었거든요. '사람'이라는 문제를 다루는 선생님들의 위험성이랄까요?

하핫 참! 제가 그쪽으로 입문할 것은 아니구요, 선생님께서는 그 문제를 어찌 풀어내실까 여쭤보고 싶었지만 조심스러운 부분이었습니다. 그 또한 기회가 된다면 여쭤보겠습니다.

서동오 선생님의 시간은 제가 피교육자의 자리에 있던 그 어떤 시간보다 멋진 시간이었습니다. 물론 저희 조원들과의 시간도 큰 몫의 행운이었답니다.

고맙습니다. 선생님의 시간들이 언제나 반짝거리기를 기원합니다.^^

안녕하세요?

10월 13~14일 강의 퍼실리테이션 수강생이었던 3조 문*영입니다.

선생님의 삶에 대한 철학을 배우고 온 듯한 기분입니다.

저는 강의를 하는 업무를 하고 있지는 않습니다. 당장, 아니 앞으로 상당 시간 강의를 한다는 것에 엄두를 내지 않을 것 같지만 스스로 깊어지도록 공부는 계속할 것 같습니다.

저는 현재 전직지원상담사 업무를 하던 인지어스에 퇴직 의사를 밝혔고, 서울시 50+재단의 사회 공헌 활동의 일환인 50+컨설턴트 활동을 하고 있습니다. 생애 설계 분야 공부를 더 하고 싶어 내린 결단인데 인생 전반에 관한 탐색, 아~ 쉽지 않습니다. 한 사람의 인생에 관한 내용이라 선생님처럼 깊은 삶에 대한 통찰이 있어야 함을 절감합니다.

저도 선생님처럼 중국어에 대한 애정이 깊습니다. 스스로 안식년을 준 이유 중 하나는 '중국에 가서 최소 3개월 이상 살아보기' 프로젝트도 실행해보기 위함입니다.

대학 때부터 한자 지도 아르바이트를 해 와서 한문에 대한 관심도 있어 선생님의 논어 장표도 좋았습니다.

저는 선생님의 빨간 장미 팬던트를 한 번 보았습니다. 멋지시던데요?

이번엔 장미는 못 보았지만 멋진 선생님께 의미 있는 강의 들어 영광이었습니다. 그리고 고맙습니다.

건강하시고 또 뵐 수 있는 기회가 있으면 냉큼 달려가겠습니다.

행복한 주말 되십시오.

– 문*영 드림

서 원장님께

이틀 동안 훌륭한 강의를 선사해 주셔서 감사드립니다.

강의에 요구되는 다양한 진행 기법뿐 아니라 품격있는 강의를 위해선 어떻게 해야 하는지 전반적으로 되돌아볼 수 있었던 정말 유익한 강의였다고 생각합니다.

가르침 주신 대로, 앞으로 계속 공부하는 자세를 잃지 않도록 노력하겠습니다.

감사합니다.

– 이*영 드림

저는 13∼14일 이틀 동안 한기대(천안)에서 강사 퍼실리테이션 교육을 받은 유*일이라고 합니다.

강의를 마치시고 편안한 집으로 잘 도착하셨겠지요?

첫날 첫 시간부터 다음날 끝나는 시간까지 정말 집중해서 잘 배울 수 있었습니다. 강의를 시작한 지 얼마 안 된 저로서는 생각하지 못한 많은 것들을 배울 수 있는 시간이었기에 시간이 어떻게 갔는지도 모르게 빠르게 지나갔네요!

교육 내내 조원들뿐만이 아니고, 대부분의 교육을 받는 분들이 하나같이 이렇게 훌륭한 강의를 받게 되어 정말 기쁘고 교육 잘 왔다는 말을 하더라고요!

　이틀 강의를 받은 제 소감이라 하면, 그동안 강의 준비 등 "여러 가지로 내가 소홀히 했구나!"입니다. 하여, 공부를 많이 해야겠다는 마음을 가지고 집으로 돌아오자마자 바로 메일을 작성하게 되었습니다.

　양일간 강의하시느라 수고 많으셨습니다. 늘 행복한 시간이 이어지길 바랍니다.

　편한 주말 되세요~~.

　서동오 강사님의 강의가 앞으로의 강사의 길에 새로운 지침이 되었습니다. 진정성을 갖고 최선을 다해야 하는 강사의 자세를 일깨워 주신, '강사료 후불제'가 제 가슴을 뛰게 합니다.

– 남*희

　안녕하세요~ 서동오 강사님!

　인지어스 소속으로 교육에 참석한 김*영입니다.

　그동안 목말라했던 갈증을 해갈해 주는 시간들이었습니다.

　개인적으로 Contents에서 풍부한 경험이 녹아나 설득력이 높았고, 강사님만의 Originality가 빛나는 차별화된 내용이었습니다. 무엇보다도 강사로서의 기본 자세에 대한 모범을 이틀 동안 직접 보여주신 게 무언의 교육이었지 않았나 생각합니다.

　조금 아쉬웠다고 해야 하나, 아니면 강의 개설을 기대하는 내용이라면 이번 강의가 강의를 디자인하는 과정이었다면, 콘텐츠를 디자인하는 과정을 한 번 더 듣고 싶습니다.

다음엔 더 성장한 모습으로 뵙기를 약속드리며 다시 한 번 좋은 영감을 주신 강사님께 감사의 말씀 드립니다.

- 김*영 드림

안녕하십니까? 이틀간 강사 퍼실리테이션 기법 교육 수강한 문*주입니다.

오랜만에 제게 큰 도움이 되는 귀한 교육을 수강했습니다. 무엇보다 정성껏 강의를 준비하시고 알기 쉽고 적용하기 쉽게, 집중할 수 있게 전해주셔서 감사드립니다.

"강의란 이런 거구나!" 새삼 깨닫게 하는 소장님의 강의였습니다.

개인적으로는 지금 상황이 조금 위축되어 있고 더 도약하기 위해 준비하는 시기에 소장님의 강의를 통해 제 강의 기법과 형태를 재조정할 수 있는 계기가 될 것 같습니다. 아무쪼록 더 크게 쓰임 받으시기를 기도하겠습니다.

건승하십시오.

- 문*주 드림

존경하는 서동오 대표님!

지금까지 받아 본 교육 중에 제가 활용할 수 있는 최고의 강의에 감사드립니다.

멋진 매너, 품격있는 내용 유익했습니다.

이틀 동안 수고 많으셨습니다.

건강하고 행복하십시오.

- 전주 김*규 드림^^

교수님 이틀 동안 감사했습니다.

이번에 비로소 그동안 풀리지 않았던 숙제, 고민이 해소되었습니다. 알려주신 자료와 정보는 정말 많은 도움이 되어 지금까지 가졌던 습관이 뒤바뀔 것으로 보입니다. 더욱 노력하여 많은 사람에게 보탬이 되도록 노력하겠습니다.

– 기부강사 유*식

10년 이상 강의를 해왔는데 힘들고 버겁다고 느끼는 요즘입니다. 오늘의 느낌과 감동을 발판 삼아 자신을 돌아보고 성장해가는 자신을 만들어 보도록 할 생각입니다. 멋진 시간 감사합니다.

– 이*형

원장님 오늘 수업 마치고 명함 드렸던 전*영 강사입니다.

이틀 동안 명강의 진행해주셔서 진심으로 감사드립니다. 이번 원장님의 강의를 통해 개인적으로 강의에 대한 인사이트도 많이 얻을 수 있었고, 저의 나태함을 돌아볼 수 있었습니다. 전해주신 노하우들 잊지 않고 잘 반영하도록 하겠습니다.

안녕하세요, 원장님!

7월 17일~18일 한국기술교육대학교 능력개발교육원에서 퍼실리테이션 강의를 수강한 열정 강사, 이*주라고 합니다.(임산부 수강생이라고 하면 기억하실는지요.^^)

재밌는 교육, 유익한 교육을 위해 더 좋은 방법이 없을까 늘 고민만 하고 있다가 퍼실리테이션 교육을 신청했습니다. 저의 기대 이상으로 너무 훌륭하고 좋은 교육을 받아 정말 유익한 시간이었습니다!

강의 내용도 너무 좋았지만, 긴 시간이었음에도 한 시간 한 시간 정성을 다해서 정말 매끄럽고 훌륭하게 진행하시는 모습을 보고 강사다움이란 뭔지 그 개념과 의미에 대해 소장님의 모습을 통해서 배울 수 있었습니다.

2일간의 교육을 통해서 여러 가지 강의 기법도 배워가지만 본보기 강사, 모범 강사, 강사의 교과서(좋은 의미)라고 불러드리고 싶을 만큼 멋지고 훌륭하신 소장님을 만난 것이 제일 큰 배움이었다고 생각합니다.

다시 한 번 감사드립니다.

– 부산에서 이*주 올림

강의 보감
講／義／寶／鑑

초판 1쇄 인쇄 2020년 09월 08일
초판 1쇄 발행 2020년 09월 14일
지은이 서동오

펴낸이 김양수
책임편집 이정은
편집·디자인 김하늘
교정교열 박순옥

펴낸곳 도서출판 맑은샘
출판등록 제2012-000035
주소 경기도 고양시 일산서구 중앙로 1456(주엽동) 서현프라자 604호
전화 031) 906-5006
팩스 031) 906-5079
홈페이지 www.booksam.kr
블로그 http://blog.naver.com/okbook1234
이메일 okbook1234@naver.com

ISBN 979-11-5778-458-5 (03370)

* 이 도서의 국립중앙도서관 출판예정도서목록(CIP)은 서지정보유통지원시스템 홈페이지(http://seoji.nl.go.kr)와 국가자료종합목록 구축시스템(http://kolis-net.nl.go.kr)에서 이용하실 수 있습니다.
  (CIP제어번호 : CIP2020038169)
* 이 도서의 판매 수익금 일부를 한국심장재단에 기부합니다.